青森県近代史略年表

秋田義信

北の街社

青森県近代史略年表

目次

青森県近代史略年表

資料編

青森県近代史略年表

明治元年（1868）〈慶応４年〉

▽１・３　王政復古の号令下る
▽１・10　新政府、旧幕府領地の直轄を布告
▽１・17　仙台藩に会津藩討伐を下命
▽１・29　新政府、京都・大阪の豪商に御用金として三〇〇万両を課す
▽３・28　神仏分離令公布
▽３月　ギリシャ正教会司祭ニコライ、函館で沢辺神官に授洗
▽４・６　奥羽鎮撫総督、秋田藩に庄内藩討伐を下命。同日、津軽藩に秋田藩への応援を下命
▽４・25　ハワイへ一二〇余名、移民として渡航
▽５・３　白石会議で奥羽越列藩同盟成立（津軽藩も加盟。７月５日脱退）
▽５・15　政府、太政官札五種発行。一〇両、五両、一両、一分、一朱
▽６・10　津軽藩御用人、西舘平馬、京都で岩倉具視に藩情書提出
▽８・29　津軽藩主承昭《つぐあきら》、南部藩征討を命令
▽９・８　慶応を明治と改元

明治元年（1868）〈慶応４年〉

▽９・20　天皇、京都を御出発、10月13日東京着。江戸を東京と改称
▽９・22　会津藩、若松城開城、降伏
▽９・22　野辺地戦争（南部藩と津軽藩）
▽９・25　南部藩降伏、10月10日秋田藩・津軽藩兵、盛岡城に入城
▽12・２　木戸孝允《たかよし》、普通教育の振興が急務と建言書を提出（欧米風の学校制度）
この年
・下北下風呂の佐賀平之亟《じょう》、土工五〇人を雇い、東通の目名村に新田を拓く
・幕末の本県農業生産高
四〇万七千石
内、津軽三四万石
南部九万石（雑穀を含む）
（幕末の津軽における開田増加）
津軽地方の小作料　六割
（盛田稔著「農民の生活史」より）

明治２年（1869）	明治３年（1870）
▽６・29　東京九段に招魂社創建、戊辰戦争の戦死者を祀る。明治12年６月、靖国神社と改める ▽７・８　東京の昌平黌を大学校とする ▽８・５　七戸で馬のせり市開場 ▽８・23　津軽藩、伊丹から杜氏《とじ》を招いて今村久左衛門家で酒造を指導 ▽10月　七戸藩で農民騒動 ▽10月　津軽藩、旧藩主通行の際、沿道の閉店、通行人の歩行制止を解除 ▽11月　津軽藩、藩士の家禄を削減し最高を年四〇〇俵とする ▽12・25　東京・横浜間の電信開通、電報取り扱い開始	▽２・11　七戸藩、凶作困窮のため大参事・新渡戸伝を東京へ派遣し、二千両貸下げ、南京米一、二〇〇石、秋田米一、〇五〇石を受ける ▽３・７　津軽藩庁議で十三湖・水戸口改良工事施工を決定。山中大参事を調査総裁に任命

明治３年（1870）
▽４月　七戸に萩沢牧場開場、六一三町歩 ▽６月　七戸藩、繭《まゆ》の買付に諸国の商人多数参入 ▽６・10　斗南藩一、五〇〇人下北の大湊に入港 ▽９・18　大風のため田名部妙見平に建設中の斗南藩屋敷の八〇棟の屋根、すべてはぎとられる ▽９・19　政府、平民の苗字使用を許可 ▽９月　政府、田畑の自由耕作を許可 ▽10・４　アメリカの商船タァエンサ号、八戸に入港 ▽10・５　斗南藩、野辺地上陸の移住者二、三〇〇人のため荷物駄走（馬四〇〇頭）を新渡戸伝に要請 ▽11月　東郡新城村から青森までの新道路着工決定（沖館の国道７号線） ▽12月　津軽藩主、士族に富豪の余田を分与（大地主から農地を没収し士族に帰農奨励したものだが、士族の大部分は就農を嫌い売ってしまった人が多かったという）

明治３年（1870）

▽12月　津軽藩校、東京の福沢諭吉塾などから教師を招く

この年

・斗南藩、三本木に長屋を建築（開拓者用）

・弘前の本多庸一、横浜に留学、初めてキリスト教に接す。翌年帰弘

・弘前に牛肉店出現。ランプ使用も始まる

明治４年（1871）

▽1・2　津軽藩、藩校に英学・漢学寮を設置

▽2・13　政府、鹿児島・山口・高知三藩の兵を徴し親兵とする

▽2・20　津軽藩主承昭《つぐあきら》、東京の藩地に寄留となる

▽2・27　政府、洋種の牛馬を七戸地方へ送る

▽3・1　東京―京都・大阪間の郵便第一便

▽3・7　津軽藩、斗南藩（田名部）の困窮に同情し、一、五〇〇両贈与

▽3・29　斗南藩士、百軒、三本木入植が許可される

明治４年（1871）

▽4・4　政府、戸籍法制定

▽6月　開拓使次官・黒田清隆、農機具・家畜・果樹の苗木を購入して帰国

▽7・14　廃藩置県の詔書下る（三府三〇二県）

▽7月　酒造の鑑札付与される

▽8・9　散髪・廃刀の自由を認める

▽8・23　華族・士族・平民相互の結婚を認める

▽8・28　穢多《えた》・非人の称を廃し、身分・職業とも平民同様とする

▽9・23　弘前県を青森県と改称し、本庁舎を青森に移転

▽10・23　大蔵省、青森県より申請の旧八戸藩士太田広城、旧斗南藩士広沢安任の開牧計画を許可

▽11・25　府県の学校を文部省に移管

▽11・27　東北鎮台（陸軍）第一分営を弘前城に設置

▽12・1　青森県庁開庁式

▽12月　開拓使節・御雇牧師・苗木培養技師ル

明治4年（1871）

イス・ベーマル、果樹苗木を多く持って来日
▽12・27 円・銭の紙幣発行
▽12・27 司法省内に東京裁判所設置
この年
・田名部釣屋浜砂鉄製錬、年二万七、九九四貫

明治5年（1872）

▽1・20 政府、官吏の位階を制定。三等以上を「勅任」、七等以上を「奏任」、八等以下を「判任」官と
▽1・29 全国の戸籍人口調査、はじめて実施。三、三二一万人
▽2・28 兵部省を廃止し、陸軍省・海軍省設置
▽3月 旧南部藩主利恭《としゆき》の東京移住に対し、野辺地有志餞別一千両を贈る
▽4・9 庄屋・名主・年寄の名称廃止、戸長に統一
▽4・13 広沢安任・太田広城、外国人雇入れを外務省に申請し許可される
▽4・25 僧侶の肉食・妻帯・長髪を許可

明治5年（1872）

▽5・4 弘前の本多庸一、横浜でキリスト教の受洗
▽5・27 広沢安任、英国人二人の協力を得て三沢・谷地頭に洋式牧場をつくる（7月、政府から緬羊を払い下げ。イギリスから種馬サラブレッドを輸入）
▽6月 東北鎮台（陸軍）の分営、青森に設置（のちの歩兵第五連隊）
▽7・1 野辺地に郵便所設置。同日、青森の善知鳥神社境内にも設置
▽8・31 農民の身分制禁止（草分、水呑、家抱え）
▽9・12 東京の新橋・横浜間の鉄道開通
▽11・23 大相撲の婦女子見物自由となる
▽11・27 東奥義塾設立許可。漢・英の二学部
▽12・30 東奥義塾へ外人教師二人着任
この年
・青森の大村鶴松、樺太《からふと》東海岸に漁場を開く

明治6年（1873）

▽1・9　名古屋、広島に鎮台（陸軍）増設。東京、仙台、大阪、熊本の六鎮台となる
▽1・10　徴兵令発布
▽1・27　木造村に会社病院設立
▽2・7　仇討を禁止
▽2・24　キリシタン宗禁制の高札撤廃
▽2・28　ちょんまげ廃止、女性の断髪禁止
▽2月　函館・青森・大湊間の郵便船定期開設
▽3・3　皇后、お歯黒お取り止め（3月20日、天皇断髪）
▽3・7　神武天皇御即位日を「紀元節」とする
▽3・14　外国人との結婚を許可
▽6・11　下北の尻屋灯台着工（9年10月20日、点灯）
▽6・13　岩木山神社、国幣小社となる
▽7・9　県、野蛮の余風ありとしてネブタ禁止令を出す
▽7・28　地租改正条例出る。地租は地価の百分の三とする

明治6年（1873）

▽7・31　五戸小学校、三戸小学校創立（9月野辺地小学校、10月弘前一番小学校〈朝陽小学校の前身〉、11月八戸小学校、大畑小学校創立）
▽7月　三沢の広沢牧場、政府から資金七千円借入
▽8月　旧南部藩士、三本木野へ移住
▽9・13　岩倉具視遣欧大使一行帰国
この年
・県内人口　四七万二、七〇一人
　士族人口　三万六、六九八人
　出生　一万二、一八七人
・農民騒動五六件（主に徴兵反対）

明治7年（1874）

▽2・11　岩手県参事池田種徳《たねのり》、青森県権令（知事）に任命（44歳）
▽4月　仙台鎮台弘前分営歩兵第二〇大隊に新入営兵
▽5・11　大阪・神戸間の鉄道開通
▽8月　貯金預規則公布（郵便貯金の始まり）

明治７年（1874）

▽11・2　陸軍省、陸軍士官学校設置
▽11月　本多庸一、東奥義塾の塾頭となる
▽12・13　三沢の広沢牧場、二、三九〇町歩の国有地を一一九円五〇銭で払い下げを受ける
▽12・16　文久二年から種痘を二万余人に施した旧津軽藩の蘭学医・佐々木元俊死去（57歳）
▽12月　ジョン・イング東奥義塾牧師来任。本多庸一と共に伝道活動（明治11年離弘）

この年

・県内の公立小学校五六、私立五〇校
・弘前の医師佐々木元俊、洋風の自宅建築（県内初）
・この頃、石油ランプ急速に普及
・函館・大間間の渡船一八隻、旅客と郵便輸送
・斗南藩士族、田名部に牛肉鍋店開業

明治８年（1875）

▽3・25　仙台・青森間の電話工事完工、青森・東京間全通
▽3月　県、東京の勧業寮から配布の苗木三三本（りんごを含む）新宿試験場から受領
▽4月　清水誠、東京でマッチの製造開始
▽5・13　旧藩主津軽承昭、毎年三千円を東奥義塾へ寄付することを願出（明治16年1月、一時金一万円をもって廃止）
▽5・17　太政官（政府）、青森県の申請により旧斗南藩士族の三本木開墾を廃止。管内自営の者に土地・農具のほか、一人金五円米五俵を、転出者には一人金二円米二俵、一戸当たり旅費一〇円を給与して打ち切りと決定
▽5・28　角田平左衛門、青森で官報を活版印刷開始
▽7月　野辺地小学校で初めて黒板に白墨使用
▽8・3　県、風俗を乱すものとして盆踊りを禁止
▽12・22　巡査の応募規則制定（採用条件に身分・職業不問となる）

明治９年（1876）

▽２・３　えんぶり禁止となる
▽２・25　最初の県議会、青森の寺院で開会。議員九三人（３月９日閉会）
▽３・28　廃刀令出る
▽３・31　大蔵省、三井銀行設立認可（最初の民間銀行）
▽４・25　青森電信局開局
▽５・25　二戸郡第一〇大区を岩手県へ移管
▽７・10　天皇、16日まで本県御巡幸（16日、函館へ）。随行の内務卿大久保利通、三沢の広沢牧場訪問
▽７・12　天皇、三本木で新渡戸伝の子孫と広沢安任を召して御賞賜（翌日、野辺地で野村治三郎を賞賜。14日、青森で弘前の武田熊七を）
▽７・15　天皇、青森小学校で東奥義塾生一〇名の授業・発表を御覧
▽８・14　札幌農学校開校、クラークが教頭に
▽８月　倉石村石沢と中市に小学校開校（寺の中に）

明治９年（1876）

▽11・１　小学師範学校を青森に開校（弘前と八戸に分校）
▽12・26　政府、元旦と天長節（11月３日）の拝賀式挙行指示
この年
・三井銀行、青森に出張所開設
・弘前に人力車入る

明治10年（1877）

▽４月　このときの主な青森県庁職員、県令・山田秀典（従五位）、役付職員一二人のうち青森県人は唐牛桃里と菊池楯衛の二人
▽６・25　弘前の珍田捨己、佐藤愛麿ら東奥義塾生五名、ジョン・イングの母校アズベリー大学へ留学
▽７・11　八戸から西南戦役への志願巡査二八名出発
▽９・18　県、警察署五、同分署三六の設置を決定。青森（分署は油川、蟹田、小湊、三厩）、弘前（浪岡、藤崎、黒石、大鰐、高杉、国吉）、木

明治10年（1877）

造（鯵ヶ沢、金ヶ沢、深浦、十三、小泊、中里、金木、五所川原、原子、板屋野木）、野辺地（七戸、三本木、百石、泊、田名部、大畑、川内、大間）、八戸（五戸、三戸、湊、鮫、市野沢、剣吉、根市、田子）

▽9・24　西郷隆盛、鹿児島の城山で自決（51）

この年

・七戸の工藤轍郎、和田川の二〇〇町歩に農民三二戸を住まわせ牧場を開く

・県、内務省勧業寮から米国産種馬の貸与をうける

・弘前の菊池楯衛、開拓使・七重試験場（函館の西）に学び、果樹栽培法を習得。帰弘、化育社を創立

・旧津軽藩士・山野茂樹、試植の西洋りんごに初結実

・野辺地の野村亀太郎、浦野館の萢、一〇〇町歩開田

・平岡凞、米国より帰国し、東京で野球を指導

明治10年（1877）

・この頃、キリスト教会のハリストス教、三戸地方に広まる

・下北・東通村の大利小学校、尻労小学校創立

明治11年（1878）

▽2・16　山林伐採に関する布達（国有林の無断伐採禁止、薪炭木払い下げ出願となる）

▽3・1　県、乗馬取扱令を出す（市街地の乗馬通行のこと）

▽5・1　青森に陸軍の第五連隊本部設置

▽5・14　大久保利通暗殺される（49歳）

▽5・14　内務省、西津軽郡富萢村（車力村）の前年の水害の救済として種籾代六七六円貸与

▽5月　青森で石郷岡鼎《かなえ》、湯屋開業

▽6・10　陸軍士官学校開校

▽6・18　内務省、浪岡村など九四ヶ村の前年の水害・虫害の救済として五、三四六円を貸与

▽6・24　政府、元始祭（2月11日）、郷村社祭の日、不参加の者に対する説諭を布達

▽6月　県、三沢の淋代牧場二、一〇〇余町歩

明治11年（1878）

を開く。取締役北村豊三

▽8・22　青森に内務省地理局出張所設置。国有林の管理

▽8月　八戸の三八城《みやぎ》神社、県社となる

▽10・30　郡制施行。郡役所と郡長を設ける（本県、東・西・中・南・北の五津軽郡、上北・下北・三戸郡と命名。笹森儀助中津軽郡長に任命〈県人では唯一人の郡長〉）

▽12・5　政府、参謀本部設置

▽12・8　青森郵便局に貯金扱い所の布令出る

この年

・宣教師マラン、弘前に天主公教会開設

明治12年（1879）

▽1・4　死刑執行を梟《きょう》首（首しめ）から斬罪に改める

▽1・14　町村の戸長用所を戸長役場と改称

▽1・22　県、上北郡馬門《まかど》村から相坂《おうさか》村（藤坂）までの道路並木植栽に一一三円支出

▽1月　最初の県会議員選挙

明治12年（1879）

▽3・3　県会議長に大道寺繁禎《しげよし》選ばれる

▽3月　県、浅虫に製塩所設置

▽4・4　琉球藩を廃止し沖縄県設置

▽4月　陸羯南《くがかつなん》（弘前市出身）、寄宿生処罰に抗議し、原敬等一五名と退校処分に

▽5・1　十三湖浜に地理局出張所設置

▽6・4　東京招魂社を靖国神社と改称

▽7・21　男女混浴の銭湯、営業禁止となる

▽9・29　下北郡尻屋灯台に霧笛を設置

この年

・弘前の館山征吉、牛乳販売開始

・町村立致道中学校、田名部に開校

明治13年（1880）

▽3・1　津軽承昭（旧藩主）弘前薬王院に私学校開設

▽3・3　太政官（政府）に法制、会計、軍事、内務、司法、外務の六部設置

▽3・25　野辺地郵便局、貯金業務をはじめる

▽3月　県令（知事）、熊本から馬耕熟練者八名

明治

明治13年（1880）

を招き県民に伝授
▽3月　大釈迦坂の開削工事始まる
▽4・1　三井銀行、弘前出張所開設
▽4月　七戸の工藤轍郎、大開墾事業開始
▽5・15　弘前の大火、元寺町一千戸焼失
▽7・2　三本木村に県勧業試験場設置
▽7月　弘前の菊池楯衛、代官町の自宅に接木伝習所設置
▽8月　下北郡川内村に公立病院設立
▽12月　東京に明治法律学校（明治大学の前身）設立
この年
・県、産馬改良に英国産サラブレッドを国から借り受け種用に提供（二頭を七戸村に貸与）
・八戸の蒔田長蔵、養蚕紡績女工所開業
・弘前教会堂（キリスト教）新築落成
・上北郡公立中学校、七戸に開校

明治14年（1881）

▽1・14　警視庁設置
▽2・2　新聞、雑誌を内務省警保局へ納付（令達）
▽2・13　明治9年以来禁止の「えんぶり」再開
▽3月　米国留学（明治10年）から珍田捨己（弘前）帰国。東奥義塾で教鞭をとる
▽4・5　大日本農会創立
▽4・7　農商務省設置
▽4月　相内《あいない》牧場（三戸郡）開場。五四九町歩
▽8・16　黒石、鰺ヶ沢、五所川原、野辺地、田名部、三戸に初等師範学校設立
▽8月　天皇、県内御巡幸（三戸―野辺地―青森―函館―青森―黒石―弘前。9月11日秋田へ。弘前の臨時行在所は武田清七家。9月9日、尾上町日沼で馬耕伝習所御覧）
▽10・21　松方正義参議、大蔵卿に任命（松方デフレ政治始まり、倒産増加）
▽10・29　自由党結成、総裁板垣退助（結成大会

明治14年（1881）

へ青森から服部尚義《はっとりひさよし》出席）
▽11・11　日本鉄道会社創立
この年
・青森の大村鶴松、千島に漁場開発
・公立大畑病院開設
・下北地方に馬鈴薯が作られ、普及
・汽船青森丸、青森―大湊間の定期航路就航

明治15年（1882）

▽1・1　青森県測候所開設
▽1・4　軍人勅諭下付
▽1・4　新築の県庁議事堂落成
▽1・14　県令山田秀典の後任に郷田兼徳発令
▽3・1　福沢諭吉等、「時事新報」創刊
▽3・15　フランス人宣教師フォーリー、青森浜町に天主教会、同年弘前の百石町にも設立
▽5月　農商務省、県に対し三本木開墾事業費二万五千円貸与許可
▽6月　米国留学中の津田梅子・山川捨松（のちの大山元帥夫人）帰国

明治15年（1882）

▽7・9　本多庸一司会で、菊池えい子（菊池九郎夫人）の葬式、はじめてキリスト教式で執行
▽8・2　明治6年以来禁止されていたネブタ、再開を許され、県、取締規則を制定
▽8・4　県、盆踊りの路上開催を禁止
▽10・21　大隈重信らの東京専門学校開校（早稲田大学の前身）
この年
・菊池楯衛、内山覚弥等、弘前城址に桜の苗木を寄付

明治16年（1883）

▽2月　十三湖水戸口改修のため各流域調査の命令出る
▽8月　弘前の土手町に農具会社設立（のちのカクヒロ）
▽9・21　九州・三池炭坑で就労中の囚人一、二九五名、暴動で死者四六名
▽10月　自家濁酒、一石以下の税金八〇銭となる

明治16年（1883）

▽12・12　山縣有朋、内務卿に就任

▽12月　県と産馬協会、ハンガリーから種馬六頭輸入

この年

・五戸町の三浦泉八、新郷村より十和田湖畔宇樽部への新道開削（18年7月開通）

・県内の戸数　八万一、五五五
　人口　四九万八、八八二人

明治17年（1884）

▽1・4　官吏恩給令制定

▽7・7　華族令制定。公爵一一人、侯爵二四人、伯爵七六人（旧津軽藩主は伯爵、加賀の前田は侯爵）、子爵三二七人、男爵七四人

▽7月　この頃から東京で西洋舞踏会（ダンス）始まる

▽8・17　弘前の長尾介一郎、茂森町に牛乳販売所開設

▽10・6　青森に県立中学校開校（22年、弘前に移転）

明治17年（1884）

▽12月　三本木に陸軍の軍馬補充部支部設置

この年

・東京の丸善、初めて万年筆を輸入・販売

・五所川原の岩木川に乾《いぬい》橋架橋

・県内の稲作、四割五分減収で三一万六千石の生産（連年の凶作で地価暴落、商人や大地主の農地買収増加）

明治18年（1885）

▽1・8　青森、鰺ケ沢、木造、亀甲（弘前）、和徳、三戸、川内の小学校へ文部省から奨励品

▽4・29　県議会、一八年度予算を二三万八、二一〇円と決定

▽5・11　県、津軽米移出規格を制定。移出米の検査励行を訓令

▽7月　藤崎に敬業社（資本金九〇〇円）設立。翌年、りんご七町五反歩植栽（津軽地方のりんご栽培増加熱を刺激）

▽9月　東京師範学校、初めて女生徒の洋服着用を採用

明治18年（1885）

▽12・22　内閣制度確立。総理、宮内、外務、内務、大蔵、陸軍、海軍、司法、文部、農商務、逓《てい》信の各大臣

この年

・野坂久五郎、野辺地で店頭にランプ初使用

・県立青森中学校、今教諭、野球を本県に移入

明治19年（1886）

▽1・26　北海道庁設置

▽3・2　帝国大学令公布

▽3月　青森港に移出米検査所開設。支所を鰺ケ沢と十三湊に

▽4・28　陸奥湾にホタテ保護区設定

▽6・14　乗合馬車、営業人力車、宿屋取締規則制定

▽6・25　弘前教会内に来徳《ライト》女学校開設（22年、弘前女学校として独立）

▽7・20　地方官官制公布（県令が県知事に）

▽8・13　登記法、公証人規則公布

▽9月　菊池九郎、青森県学務課長、兼農商務課長に

▽11・15　日本、国際赤十字条約加入公布

明治20年（1887）

▽1・17　皇后、婦人に洋装奨励の思召下付

▽1月　県、稲作種籾の塩水選法奨励

▽3・23　所得税法公布

▽4・20　首相官邸で舞踏会開催

▽5・18　私設鉄道条例公布

▽9月　沖縄県尋常師範学校へ天皇・皇后の御真影（写真）下付（府県学校へ下付の最初）

▽9月　弘前の本多庸一、東京英和学校校長に就任

▽10・27　横浜で上水道配水開始（近代上水道の始まり）

▽11・10　奈良県を新設

▽11月　青森の新浜町に村本精米機械所建設

この年

・トマト、この頃から県内で食べるようになる

・県内の一部の商人、鳥打帽をかぶるようにな

る
・天理教教祖・中山みき死去（90）

明治21年（1888）

▽1・4　時事通信社（わが国最初の通信社）設立
▽1・23　県、公私立小学校教科書制定
▽1・26　東京・浅草に自転車製造所設立
▽4・9　弘前出身の陸羯南、「東京電報」創刊（翌年「日本」と改題）
▽5・14　大和田建樹、「明治唱歌」第一集「故郷の空」などを創刊
▽5月　南郡光田寺村出身の力士「一の矢」大関となる
▽6・5　青森県尋常師範学校「御真影拝戴」（7日、尋常中学校も）
▽7・10　「東京朝日新聞」創刊
▽9・18　弘前の本多庸一渡米
▽11・20　「大阪毎日新聞」（「大阪日報」の改題）創刊（主筆は斗南藩出身の柴四朗）
▽11・22　「東奥日報」創刊（発行人・菊池九郎）
▽12・3　香川県が愛媛県から分離し、四国が四県となる

この年
・県内の総戸数　八万三、七四〇戸
　うち農家　六万五五五戸
　商業　六、三五〇戸

明治22年（1889）

▽1・1　県庁官吏数五三四人。うち高等官六、判任官一九五、雇七八、郡長九、郡書記七五人
▽2・11　大日本帝国憲法発布。貴族院令、衆議院議員選挙法公布。憲法発布の式典に県民代表として県会議長寺井純司参列
▽2・11　青山の観兵式場へ向かう天皇に帝国大学の教職員・学生、万歳三唱（万歳三唱の始まり）
▽2・20　県内町村の分合。旧町村名を大字とする
▽4・1　弘前、市制施行。青森・八戸・黒石・

明治22年（1889）

鰺ヶ沢・三戸に町制施行、一六五村
▽4・14 弘前と駒越を結ぶ岩木橋完成
▽4月 八戸町農会設立
▽5・22 私立弘前女学校開校
▽10・13 富山県魚津で米騒動。窮民二千人参加、米倉を破る
▽10・30 アメリカ汽船チースブロー号、西津軽郡車力村の七里長浜で沈没。乗員二二名中四名救助される

明治23年（1890）

▽3・23 青森大火、浜町から出火、三四六戸焼失
▽3・26 八戸大火、二十六日町八〇〇戸焼失
▽4・2 神武天皇を祀る橿《かし》原神宮創建
▽4・4 ラフカディオ・ハーン（小泉八雲）来日。9月に松江中学校の教師となる
▽4・28 八戸の小中野大火、四〇〇戸焼失
▽5・10 野辺地町大火、五一四戸焼失
▽7・1 第一回衆議院議員選挙。奈須川光宝、

明治23年（1890）

工藤行幹、榊喜洋芽、菊池九郎当選
▽8・13 郵便貯金条例公布
▽8月 下北郡の菊池才吉等、横浜村の下北郡編入を陳情
▽8月 三本木に渋沢農場開場
▽9月 五所川原村役場、郷蔵の籾《もみ》一千余俵を出し、一戸一人当たり一斗を貸与
▽10・30 教育勅語発布（県、この後翌年にかけて各学校に御真影〈天皇の写真〉と勅語を下付）
この年
・三戸尋常小学校、初めて運動会開催

明治24年（1891）

▽1・15 青森地方裁判所・区裁判所開庁式
▽1月 井上勝、岩崎弥之助の援助をうけ、岩手県に小岩井農場開設。面積三、六二二町歩
▽3・24 度量衡法公布
▽3月 鰺ヶ沢町の海岸でニシン大漁、水揚量八〇万円。町の年間予算の一〇倍、この年、町の白米一俵三円

明治24年（1891）

▽3月　東津軽郡三厩村宇鉄で潜水器を使って鮑《あわび》の捕獲始まる

▽4・4　弘前進新銀行設立。頭取武田甚左衛門

▽4月　東奥義塾の外人教師、仙台まで自転車旅行

▽6・8　青森監獄を荒川村に移転

▽7・11　東京音楽学校の卒業式で「君が代」二回斉唱、先例となる

▽8・11　弘前上町、下町のネプタ喧嘩で四名重軽傷

▽9・1　盛岡―青森間の鉄道開通、上野―青森間全通（県内の駅八）

▽11・5　靖国神社に維新前後の国事殉難者一、二七七名合祀

▽11・27　第一回通常県議会開会

明治25年（1892）

▽1・28　予戒令公布。即日、民党の選挙運動員を逮捕

▽2・15　品川弥二郎内相、地方選挙に大干渉を命令。各地の政争激化、死者二五名、負傷者三八八名。本県の当選者、一区工藤卓爾、工藤行幹。二区榊喜洋芽。三区菊池九郎

▽2・23　松方首相、伊藤博文等、薩長の大官と選挙干渉の善後措置を協議。3月11日、品川内相責任辞職

▽6・17　小包郵便法公布

▽8・1　弘前の笹森儀助、千島探検に赴きエトロフ島に第一歩

▽8月　帝国大学卒業の森可次、弘前に帰り英語学館開設

▽10月　田名部でポンプ自動車購入

▽11・2　青森の米商人・小林長兵衛、新町に精米所開設。一日の仕上量一六〇俵

▽11月　仙台で大日本農会主催の農産品評会で津軽りんご好評

この年

・英国人サザン女史、野辺地町飯田屋方で日曜学校を開き英語を教授

明治26年（1893）

▽2・10　西津軽郡会の西津軽郡役所を木造へ移転の議決に反対の鰺ヶ沢町民、暴動化して議員を殴打
▽2・21　青森・弘前・八戸の三郵便局で小包郵便取り扱い開始
▽4月　弘前の佐藤紅緑《こうろく》（サトーハチロー・佐藤愛子の父）上京し陸羯南《くがかつなん》に止宿。法学院で学びながら、陸宅で正岡子規から俳句も学ぶ
▽5・1　消防組規則施行（組頭、小頭は警部長の任免（月手当・演習手当支給）
▽5・27　中津軽郡湯口（相馬村）の森林大盗伐事件判決。罰金総額五五万円
▽6・1　笹森儀助、沖縄の那覇上陸（南方探検）
▽6月　岩崎村沖の久六島をめぐる本県と秋田県の漁民争乱
▽8・12　学校の祝日の歌詞・楽譜を公布（「君が代」事実上国歌となる）
▽9・1　県尋常中学校八戸分校開校
▽10・1　日本郵船、青森・函館間、青森・室蘭間の定期航路開始
▽10・12　西津軽郡柏村で法律研究会発会式
▽10・19　八戸盲人会（明治24年2月創立）講習所で、読算、鍼術、按摩を教授
▽11・3　鰺ヶ沢で書画展覧会。三日間で一、二二〇名の盛況
▽11・17　木造両盛銀行設立。頭取市田兵七
この年
・三戸郡馬渕川の櫛引橋架橋
・青森から東京・日本橋魚市場へ初の貨車輸送
・八戸六日町の魚商等、八戸魚市場開設

明治27年（1894）

▽1・4　鉄道八戸線開通
▽2・7　弘前両益銀行設立。頭取松木彦右衛門
▽3・10　ロシア陸軍中将ザブーキン等四名、視察に来青
▽4・4　青森商業会議所創立
▽4・7　深浦沖でニシン大漁
▽5月　県庁―青森郵便局間に電話開通

明治27年（1894）

▽6・1　弘前で津軽地方のりんご名称一定会、六五の品種名を決定
▽6・15　青森銀行開業。頭取渡辺佐助
▽7・25　日清戦争勃発
▽7・31　青森の大火。鍛冶町二五七戸焼失
▽8・2　日清戦争により新聞の事前検閲令公布
▽9・1　青森商業銀行開業。頭取大坂金助
▽12・1　奥羽線、青森・弘前間の開通式
▽12月　青森の京都屋、「東京そば」売出し
この年
・平川の境関橋架橋
・弘前の富士見橋架橋
・弘前和徳町の久一呉服店開業（最初の蔵造り）
・函館から県産りんご一一三斤《きん》清国へ初輸出
・弘前に製糸工場設立続く

明治28年

▽1・18　珍田捨己（弘前出身、外交官）仁川領事に着任。6月、上海総領事に
▽4・17　日清講和条約（下関条約）調印（朝鮮

明治28年（1895）

独立承認、遼東半島〈南満州〉・台湾の割譲）
▽4・23　独・露・仏の三国、遼東半島の清国への返還を勧告
▽6月　青森に乗合馬車屋開業
▽8・8　青森の陸軍第四旅団、台湾に上陸
▽10・27　「馬の絵」で有名な画家・野沢如洋、日本美術協会展で一等入賞、宮内省買い上げる
▽11・15　「東洋経済新報」創刊。主幹町田忠治
この年
・県内初の青森電灯会社創業
・旧弘前藩士・佐々木弘造、下北郡近川の開田を始める
・八戸青年会、書籍縦覧所を図書館として運営

明治29年

▽3・16　陸軍管区改正。近衛師団と第一—第一二師団となる（これまで六ヶ師団）
▽3・16　野辺地に上北銀行設立。頭取野村新八郎
▽4・1　拓殖務省設置（台湾と北海道の政務管

明治29年（1896）

理）

▽5・28　下北郡田名部村の大火。役場など二四九戸焼失

▽6・12　上北郡七戸村に国立奥羽種馬牧場設置

▽6・15　三陸大津波。三沢村など死者三四五人

▽9・18　弘前に陸軍の第八師団設置決定（管轄は青森、岩手、秋田、山形及び宮城県の北部）

この年

・東郡小湊と三戸郡五戸で足踏式製糸機の伝習行われる

・弘前の時敏小学校の教員が中心となり、読書会「二九会」設立

明治30年（1897）

▽1・1　尾崎紅葉の「金色夜叉」読売新聞に連載開始

▽1・17　「河北新報」（仙台）創刊

▽1月　正岡子規等、四国の松山で俳句雑誌「ほとゝぎす」創刊

▽3・3　群馬県足尾銅山の鉱毒被害農民二千人

明治30年（1897）

上京、農商務省に協力請願

▽3・10　青森で電気の点灯開始

▽5・4　五所川原銀行設立。頭取佐々木嘉太郎

▽6・22　京都帝国大学設立

▽7・16　黒石銀行設立。頭取加藤宇兵衛

▽7・27　金木銀行設立。頭取津島源右衛門

▽8・7　八戸貯蓄銀行設立。頭取石橋万治

▽8・10　八戸商業銀行設立。頭取鈴木吉十郎

▽10・17　弘前公園で師範学校と第一中学校の野球試合（一チーム一三名制）

▽10月　弘前の菊池楯衛、米国から噴霧機輸入

▽12月　弘前塩分町の外人教師宅に幼稚園開設（俗称「子守学校」）

この年

・米国から帰国の蝦名昌一、りんごの害虫駆除にボルドー液散布を奨励

明治31年（1898）

▽1・19　八戸尋常小学校の四年生（高等科）、三教員の転任に反対し一〇日間同盟休校
▽2・24　日本鉄道の機関士等、尻内駅で初のストライキ。片山潜等、応援に来県
▽4・1　青森市制施行
▽4・4　西津軽郡の郡会、村上郡長の不信任を再議決。郡吏も郡長に反対し総辞職
▽5・26　弘前の歩兵第三一連隊の軍旗祭に西第二師団長列席
▽5・30　歩兵第五連隊（青森）の軍旗祭。参観者二万人
▽8・1　愛知県の豊田佐吉、動力織物機の特許を取得
▽8・16　三菱造船所、日本郵船の大型汽船常陸丸（六、一七二トン）を完成
▽10・15　岡倉天心・横山大観等、日本美術院を創立
▽10・18　安部磯雄・片山潜・幸徳秋水等、社会主義研究会結成

明治31年（1898）

▽10・24　三本木村に県立農学校設立
▽10月　上北郡役所移転問題で七戸、野辺地、三本木の間に紛争。暴徒、郡会議場を襲い、議員多数負傷
▽12月　八戸出身の羽仁もと子、報知新聞に入社。日本で最初の婦人記者となる
この年
・県内のりんご園に巣虫大発生、廃園増加
・弘前一番町に牛肉店日新堂開店
・三戸町の田中商会、きざみ煙草を製造・販売

明治32年（1899）

▽2・8　高等女学校令公布
▽2・17　東郡平舘村石崎にイギリス式灯台完成
▽2・25　実業学校令公布（工業、商業、農業）
▽3・2　北海道旧土人保護法公布（アイヌ人口約一万七千人）
▽3・6　衆議院議員歳費可決。議員歳費（年額）二千円
▽3・23　国有林野法公布

明治32年（1899）

▽3月　青森ラムネ会社創業

▽4・1　弘前に中津軽郡一一カ村組合立の玉成高等小学校開校

▽4・6　肥料取締法公布

▽5・31　東郡中平内村（小湊）の畑井新喜司（24歳）、シカゴ大学大学院特待生として渡米

▽6・9　農会法公布

▽8・3　私立学校令公布

▽8・29　野辺地町制施行

▽11・11　図書館令公布

この年

・新渡戸稲造、「武士道」刊行

明治33年（1900）

▽3・7　産業組合法公布

▽3・10　治安警察法公布

▽4・1　県立農事試験場、東郡新城村石江に設置

▽4月　三戸郡湊村（八戸）に村立水産補習学校設立

明治33年（1900）

▽5・24　弘前のカネ九商店に蓄音機入荷

▽6・2　本多庸一、万国キリスト教青年大会へ日本代表として出席

▽10・29　西郡車力村に金兵衛銀行設立。頭取鳴海廉之助、資本金二万五千円

▽10月　弘前出身の山田良政、中国革命に参加して殺害される。弟・純三郎、兄の遺志を継ぎ孫文の秘書となる

この年

・弘前の佐藤紅緑上京、報知新聞の記者になる

・青森の写真師・柴田一奇、パリの世界大博覧会で銀盃受賞

・「鉄道唱歌」流行

・死没者　渡辺佐助（青森市、天保2年生。味噌・醤油醸造「丸屋」四代目。泰助が青銀頭取）

明治34年（1901）

▽1月　八戸の泉山醤油合名会社創業
▽3・30　唱歌「箱根八里」「荒城の月」刊行
▽4・1　弘前に県立第一高等女学校開校
▽4・7　黒石に南陽銀行設立。頭取宇野清左衛門、資本金七万円
▽4・11　青森に県立第三中学校設立
▽4・13　漁業法公布
▽5・3　三本木の県立畜産学校卒業者に獣医の免許授与
▽5・25　県立第四中学校設立の場所問題で、木造町と五所川原町が対立。五所川原町民約二〇〇名木造町を襲撃、大騒動となる
この年
・馬門沖の陸奥湾に一〇メートル以上の鮫出没、二頭捕獲
・黒石の西谷彦太郎、部落有の採草地にりんごを植える（山手の傾斜地にりんご植栽始まる）
・死没者　広沢安任（天保元年生、会津藩士。三沢に洋式牧場を作った）

明治35年（1902）

▽1・23―25　青森歩兵第五連隊、八甲田山の雪中行軍で遭難。二一〇名中一九七名凍死
▽1・30　日英同盟条約調印
▽1・31　五所川原に北津軽郡立農学校開校（津島文治、渋川伝次郎、木村甚弥などが卒業生）
▽2月　藤坂村相坂に貯蓄会設立、会員五七名（のちの相坂信用組合―産業組合）
▽4・1　県立第四中学校（木造町）開校
▽4・14　県立第二高等女学校（八戸）開校
▽4月　黒石の秋田雨雀《うじゃく》上京、東京専門学校（のちの早稲田大学）英文科入学
▽5・1　下北郡尻労で鮪大漁（大謀網による）
▽5・2　黒石公園で労働者大懇親会開催（約二百名参加、のちの労働組合設立の母体となる）
▽9・1　七戸村に町制施行
▽10・21　奥羽本線、青森―秋田間開通
▽12・14　県内初の産業組合・青森信用組合設立
この年
・東北地方凶作。青森、岩手、宮城、福島五分

明治35年（1902）

作。本県平均反収六斗二升（一俵半、九〇キロ）

・死没者　野呂武左衛門（天保2年、西郡館岡村の生、野呂家九代目。屛風山の植林・保安に尽力）

明治36年（1903）

▽2・3　凶作のため上北郡四和村で餓死者二、三〇名と報道される

▽3・3　下北郡大間村の弁天島に灯台設置

▽4・13　国定教科書令公布

▽4・16　青森高等小学校長・山内元八、東京から卓球道具持参・公開

▽4月　弘前公園に内山覚弥の寄付で桜一千本植える

▽6・10　八戸の北村益、東京から八戸へ自転車で（6月3日出発）

▽6・16　弘前出身の陸羯南、欧米視察に出発（翌年1月帰国）

▽6・29　作曲家・滝廉太郎死去、25歳。

明治36年（1903）

▽7・24　津軽地方で洪水。水田冠水三千町歩、家屋浸水一千戸

▽7月　東京の小西六本店、カメラ発売

▽9・6　大雨で深浦で家屋三〇戸流出、町内の橋全部流出

この年

・県内にトラホーム流行

・県内に初めて台湾バナナ入荷

明治37年（1904）

▽2・4　日露交渉断絶

▽2・8　韓国の仁川沖でロシア艦隊を攻撃、旅順港を奇襲（日露戦争の始まり）

▽2・10　ロシアに宣戦布告

▽2・11　商船・奈古浦丸、津軽沖で露艦に撃沈される

▽3月　弘前出身の画家野沢如洋、中国天津で一日一千枚の絵描き実行

▽5・20　満州軍総司令部設置。総司令官大山巌、総参謀長児玉源太郎

明治37年（1904）

▽5月　上北郡浦野舘村（上北町）出身の大塚甲山、東京で社会主義協会に加入（7月に反戦詩を発表）
▽5月　青森の三橋三吾、私立図書館開館（のちに青森市へ寄贈）
▽7・1　煙草専売法施行
▽9・3　弘前の第八師団出征（出発）。師団長立見尚文中将
▽11・13　「平民新聞」、幸徳秋水・堺利彦訳の「共産党宣言」を掲載（発禁となる）
▽11・30　日本軍旅順の「二〇三高地」占領（第三軍司令官・乃木希典大将、第六旅団長・一戸兵衛少将〈弘前出身〉）
この年
・大湊に津軽海峡防衛司令部設置
・県内の稲作大豊作。反当り一石七斗五升六合（約四俵半）

明治38年（1905）

▽1・1　塩専売法公布
▽1・25—29　満州・黒溝台会戦。第八師団が優勢な露軍を撃退。師団の死傷者九千名（第五連隊は連隊長も戦死）
▽3・10　日本軍、大会戦の末奉天占領
▽3・29　陸軍、脚気増加で米麦七対三の混食を訓令
▽5・17　青森市に市立商業補習学校設立
▽5・27—28　連合艦隊、日本海海戦でロシアのバルチック艦隊を敗る。総司令官東郷平八郎大将
▽6・23　東郡野内村に石油タンク四基建設
▽10・15　青森で公衆電話開通
この年
・県産りんご、前年の二倍近い三万八千箱生産
・東北地方凶作。宮城、岩手、福島の各県、一—三分作。白米一俵五円二〇銭、巡査初任給九円
・東京の日雇労賃、一日三九銭（値段史）
・西郡車力村における農作業労賃、「田打ち」一日三五銭（明治20年生まれの秋田たま談）

明治39年（1906）

▽1・28　堺利彦等、日本社会党結成
▽4・1　青森港、貨物の輸出と免税品の輸入をしえる特別輸出港に指定される
▽4月　夏目漱石、「坊ちゃん」「草枕」発表
▽7・1　青森―函館間、電話開始
▽7・23　八甲田雪中行軍の後藤伍長銅像除幕式（撰文は寺内陸相）
▽8・20　弘前聖公会の信者、女性三人を交え岩木山登山
▽8・31　新青森駅落成式
▽9・15　県連合産馬組合、野辺地で第一回県競馬会を同町大平競馬場で開催
▽9・28　新渡戸稲造、東京の第一高等学校長に就任
▽11・1　日本鉄道、東北本線国営化
この年
・県、豪州産牝馬《ひんぼ》四一三頭の貸与をうけ、県下産馬組合へ配置
・津軽一円にりんごの袋かけ普及

明治39年

・「成金《なりきん》」の語が生まれる
・弘前の上鞘師《さやし》町にミルクホール開店
・巡査の初任給一二円（東京）

明治40年（1907）

▽2・4　群馬県足尾銅山でストライキ。2月6日大暴動、7日、高崎の連隊（陸軍）出動、六〇〇人を検挙
▽2・19　警視庁、自動車取締規則制定（エンジン、時速など）
▽3・14　アメリカ、日本移民制限法可決
▽3・21　小学校令改正。義務年限を四年から六年に（高等小学校を二―三年制）
▽4・2　相坂信用組合（十和田市）設立。組合員一二六名（産業組合。農協の前身）
▽6・9　青森市、水道起工式を横内で挙行
▽6・22　仙台に東北帝国大学設置
▽8・6　イギリス東洋艦隊六隻、青森港へ入港
この年
・弘前の棟梁堀江佐吉没、63歳。本県洋風建築

明治40年（1907）

の先覚者（弘化4―明治40、弘前の第五十九銀行本店、弘前市立図書館、五所川原の佐々木嘉太郎〈布嘉〉、金木町の斜陽館などを設計・建築した）

・陸羯南没（安政4年生。明治中期に言論新聞「日本」創刊、社長。正岡子規を援助した）

・東京の大工の賃金一日一円、本県では八〇銭ぐらいか

明治41年（1908）

▽3・7　県内に初春の大雪、積雪五三センチ

▽4・15　青森の県立第三女学校開校式

▽4・28　ブラジルへ初の移民、七八三名出発

▽5月　津軽のりんご園にモニリア病発生（皆無作のりんご園も）

▽7月　産業組合法による有限責任、三戸林檎販売組合、向村に設立。組合員六四名

▽8月　黒石町に電灯つく

▽9・23　皇太子御来県。七戸町と弘前郊外の外崎嘉七りんご園へも

明治41年（1908）

▽10・13　戊申《ぼしん》詔書発布

▽11・13　青森市の沖館に青森大林区署新築・落成（のちの営林局）

この年

・板柳町の安田元吉等の津軽りんご組合、浪岡村五本松に一三〇町歩のりんご園造成に着手（三年後の44年に分割経営）

明治42年（1909）

▽3・21　大阪毎日新聞社、神戸―大阪間のマラソン競走開催（マラソンの語、使用初）

▽4・6　東郡野内村で暴風により列車転覆。死者三十余人

▽5・26　八戸で電話開通

▽6・1　弘前で電話開通

▽6・3　新潟県の鉄工会社の船、北海道から野辺地へ航行中、小湊沖で火災。本県漁夫ら二二〇名溺死

▽7・17　中郡千年村の山火事、一週間燃える（一、四〇〇町歩）

明治42年（1909）

▽8・5　東北・北海道行啓の韓国皇太子御来県、伊藤博文等随行
▽8・16　弘前女学校生徒、岩木山登山
▽9・1　私立青森幼稚園落成式
▽9・3　弘前で津軽為信の銅像除幕式
▽10・26　伊藤博文、ハルピン駅頭で韓国の青年に暗殺される（69）
▽11・17　山県有朋《ありとも》、枢密院議長に任命される
この年
・県内の産業組合（農協の前身）人造肥料の取扱い（供給）を始める

明治43年（1910）

▽3月　三戸郡上郷村に馬鈴薯生産購買販売組合（産業組合）設立。組合員一〇名
▽4・1　県立工業学校、弘前に開校
▽4・1　感化院法による青森学園、新城村に開設
▽4月　武者小路実篤、志賀直哉、有島武郎等、雑誌「白樺」創刊

明治43年（1910）

▽5・3　青森市の中心部大火。七百余戸焼失、死者二六人
▽5月　青森市に北海道移住民取扱所設置
▽6月　五戸町に馬鈴薯生産販売組合設立。組合員三四名
▽7・14　文部省、小学校唱歌「虫のこえ」「春が来た」など刊行
▽8・22　韓国併合に関する日韓条約調印
▽9・1　三本木町制施行
▽9・10　松野梅太郎、弘前・松森町にりんご冷蔵庫建設
▽9・19　鮫村（八戸）の捕鯨所設置認可
▽11・15　農商務省、帝国農会の設立認可
▽11月　八戸浸礼教会（バプテスト）に八戸女塾創設（千葉学園の前身）
▽12・1　石川啄木、歌集「一握の砂」刊行
この年
・りんご大豊作、はじめて一〇〇万箱を突破し一三〇万箱。価格暴落

明治44年（1911）

▽3・3　新潟県高田の連隊から帰った歩兵第五二連隊（弘前）の井上大尉、同連隊の将校たちにスキーを教授（一本杖）
▽3・27　山口県の福永章一、足踏式の稲扱《こ》き機を発明（千歯稲扱きを駆逐）
▽3・29　工場法公布（最初の労働立法）
▽4・7　青森市立商業学校（浪打）にロシア語科設置
▽4・9　東京の吉原遊郭大火。六、五〇〇戸類焼
▽4・15　青森県立女子師範学校開校
▽4月　南郡竹館りんご販売購買組合創立（のちに県内の模範組合となる。組合長相馬貞一）
▽6・7　関東・東北地方に大降雹。本県で九〇センチの所もあり大被害
▽7・31　中学校令施行規則改正で翌年から撃剣と柔道を追加
この年
・西郡越水村出身の天文学者一戸直蔵、本県初の理学博士号取得
・田名部町の辻武八郎、釣屋浜の砂鉄を古山（石持）に運んで製錬

明治45年（1912）

▽1・8　西郡水元村出身の佐賀県知事西村陸奥夫没（45）
▽6・26　富山県新川郡生地で米騒動（漁民・農民等、集団で米倉を襲う）
▽7・1　米価、未曽有の暴騰。東京・深川の市場で石当たり平均二一四円
▽7・6　第五回オリンピック（ストックホルム）に日本選手初参加（二人）
▽7・10　東京・有楽町にタクシー会社設立。所有台数六台

大正元年（1912）

▽7・30 明治天皇崩御(61)。皇太子嘉仁親王践祚、大正と改元
▽8・14 十和田湖に初めて発動機船進水
▽8・15 川部―黒石間の鉄道開通
▽9・13 明治天皇大喪。乃木大将夫妻殉死
この年
・人口 内地人 五、二五二万人
朝鮮 一、四五六万人
台湾 三二一万人
樺太 三、一五〇人
・県内の耕地 うち 自作地五八%
小作地四二%

大正２年（1913）

▽1・16 北津軽郡胡桃館高等小学校同盟休校(校長の私行問題で村民と対立)
▽2・10 国会三度停会。民衆、数万名騒擾、軍隊出動
▽2・11 第三次桂内閣総辞職。海軍大将山本権兵衛に組閣の大命降下

大正２年（1913）

▽2・16 野辺地の野村治三郎所有馬黄雲号、天皇御乗馬として買い上げられる
▽3・1 三戸郡地引村に二宮尊徳の教訓を運営の柱とする報徳社結成
▽4・1 県立農事試験場、新城村から南津軽郡中郷村へ移転
▽4・19 十和田湖道、法奥沢（十和田村）―焼山の道路開削着工
▽4・25 南・北津軽郡立農学校が県立農学校となる（五所川原）
▽7・1 青森市立工業徒弟学校開校（6年、市立工芸学校と改称）
▽8・5 岩波茂雄（長野県出身）、岩波書店開業
▽8・31 八戸でこの年の捕鯨漁終了。計一四八頭
▽9・1 青森師範学校、市内浪打の新校舎へ移転
▽9・11 県立青森病院開院
▽9・18 比叡山回峰修行三千日の正井観順（南郡尾上村出身）回峰中死亡（54歳）
この年

大正2年（1913）

・東北凶作、三分作。本県反当たりわずか三斗六合（一俵未満、六〇キロ弱）
・下北郡風間浦村消防組、ドイツ式の腕用ポンプ購入

大正3年（1914）

▽1・28　凶作のため三戸郡の臨時休校小学校二一校
▽4・1　宝塚少女歌劇養成会第一回公演
▽4・8　福士幸次郎、詩集「太陽の子」刊行
▽4・20　夏目漱石、「こゝろ」発表
▽4・28　県警察部長後藤文夫、内務省書記官へ転出（のちに農林大臣、内務大臣）
▽4月　日本楽器、ハーモニカ製造開始
▽8・23　ドイツに宣戦布告
▽10・14　日本海軍、赤道以北のドイツ領南洋諸島占領。11月7日、ドイツが支配していた中国の青島を占領
▽11・28　夕張炭鉱でガス爆発。死者四二二名
▽11月　三本木町で馬のせり市。一、三七一頭上場、売上げ九万五千円
▽12・3　県内多額納税の最高佐々木嘉太郎（五所川原）死去、71歳。天保11年生、屋号布嘉《ぬのか》、県内一の大地主、貴族院議員
▽12・15　福岡県方城炭鉱でガス爆発。死者六八七名

この年
・鳴海要吉（黒石）、ローマ字による歌集「土にかへれ」発行
・佐藤紅緑、小説「鳩の家」発表
・和田山蘭（北郡松島村）、歌集「落日」発表
・りんご園へのボルドー液撒布普及
・稲作大豊作。県内平均反収一石八斗（四俵半）

大正4年（1915）

▽3・26　三戸郡館村（八戸）櫛引神社の甲冑、国宝に指定
▽4・5　県立農学校（五所川原）校友会役員選挙で対立。南部の生徒二四名同盟休校（5月3日解決）

大正4年（1915）

▽7・3　鳴海廉之助（車力村）等、金木町に競馬場を建設して第一回競馬会開催

▽7・29　三戸郡の馬渕川の名久井橋開通（凶作の救農土木事業による工事）

▽7・31　白戸栄之助（金木出身）操縦の民間飛行機、弘前に飛来（各小学校生徒見学）、8月10日、三戸郡下長苗代村の馬渕川の川原でも

▽10・19　天皇、陸軍特別大演習で弘前・黒石へ御幸。第八師団司令部を臨時大本営とする。参加師団は第二（仙台）、第七（旭川）、第八（弘前）の三個師団。観閲に列席した高官は、閑院宮戴仁親王（陸軍大将）、一戸兵衛（大将）、大迫尚道（大将）、田中義一（中将、のちの陸相、首相）、宇都宮太郎（大将）

▽10月　黒石町、公園を天皇御幸にちなみ御幸《みゆき》公園と命名

この年

・笹森儀助没（弘化2年生、弘前藩士、中津軽郡郡長、探検家。シベリアや沖縄まで）

大正5年（1916）

▽1・15　鰺ケ沢町で電灯会社開業

▽1月　吉野作造、「中央公論」で民本主義を主張

▽4・1　黒石の県農事試験場に園芸部新設

▽4月　野辺地町で巌泉、サイダーとラムネ製造発売

▽6・9　英国大使に珍田捨己、米国大使に佐藤愛麿（共に弘前出身）

▽9・11　河上肇、「貧乏物語」発表

▽11・29　東北本線、下田―古間木間で列車衝突。入営する兵士三六名死亡、重軽傷一三三名

▽12・9　夏目漱石没（50歳）

この年

・チャップリンの喜劇映画続々上映、人気を集める

・南部竹館産業組合（農協の前身）優良組合として産業組合中央会より東北で唯一つ表彰される

大正6年(1917)

▽1・5　八戸にせんべい組合設立。組合長石橋友吉

▽2・17　八戸の豊年祭えんぶり、六五組、苗取八組出る

▽5・1　堺利彦・山川均等、在京社会主義者三四人、メーデー記念会を開きロシア革命を支持

▽5・18　弘前で大火。富田・土手町・品川町など五三三戸焼失

▽5・19　大鰐大火。一五一戸焼失

▽8・12　弘前のデパート「角は」の店主三女(17歳)、浅虫の裸島から投身自殺。以後、自殺の名所となる

▽9月　この頃、県内の産業組合(農協の前身)四〇〇

▽9月　県、県農試の島善鄰《よしちか》技師(のちの北大総長)の「青森県りんごの減収とその救済策」を刊行、栽培改善運動の指針とする

▽10・9　大阪の坂田三吉、東京の関根金次郎両八段の将棋の決戦、坂田勝つ。

大正6年(1917)

▽10・21　岩木川の北郡板柳村と中郡新和村間の蟠竜橋落成

▽11・7　ロシア革命、ソビエト政権誕生

▽11・18　五所川原に佐々木銀行設立。資本金五〇万円(頭取佐々木嘉太郎二代目、通称布嘉《ぬのか》)。この年11月、県が議会に提出した翌年度の予算案の金額が一、一一一万円であるから、佐々木家の五〇万円はいかに多額であったか

この年

・宮川久一郎没(嘉永6年弘前の生まれ、角はデパートの創業者)

大正7年(1918)

▽1・24　陸軍大将秋山好古(海軍の秋山真之参謀の兄)、三本木軍馬補充部と奥羽種馬牧場視察

▽3・11　英・仏・伊三国、日本にシベリア出兵要請

▽4・1　北海道帝国大学設置

▽4・5　日・英・米三国の陸戦隊、ウラジオス

大正7年（1918）

トクへ上陸

▽4・8　本県りんごの始祖菊池楯衛死去（73歳）

▽4月　黒石の県農試にりんご部設置。試験園設置

▽7・10　柴田やす、弘前に和洋裁縫学会創立（のちの女学校）

▽7・23　富山県魚津町に「米騒動」発生、全国に拡大。七〇万名以上の大騒動に拡大

▽7月　武者小路実篤等、「新しき村」創刊（11月14日、宮崎県に「新しき村」建設）

▽8・16　五戸町の和田寛次郎、貧困者救済のため外米三〇〇俵を一升二二銭、三戸町の松尾藤平、白米一〇〇俵を一升三五銭で販売

▽9・25　陸奥鉄道（株式会社）五所川原線開通

▽9・29　原敬内閣成立（初の本格的政党内閣）

この年

・菊池楯衛没（弘化3年弘前生まれ、旧弘前藩士。明治8年、内務省勧業寮からりんごの苗木を拝領し試植。北海道七飯村の試験場で外人から接木法を学び、弘前に帰って広める）

・源晟《みなもとあきら》没（嘉永3年生、八戸藩士の子。県会議長、衆議院議員。明治9年、八戸で最初にキリスト教の洗礼を受けた）

・米価高騰。石当たり（二俵半、一五〇キロ）最高三〇円二銭

・県内の農村で石油発動機の使用始まる

・農家の化学肥料（主に硫安）使用増加

・小学校教員の初任給、月一二円―二〇円。木炭一俵九〇銭

・青森市内の売淫婦約七〇〇名

大正8年（1919）

▽2・21　早稲田大学「民人同盟会」発会式。主な学生、和田巌（三本木出身）、浅沼稲次郎、岩渕謙二郎（車力村出身）等関係

▽2・26　大道寺繁禎没（76歳）。津軽藩家老、県会議員、第五十九銀行（青銀の前身）頭取、弘前市図書館長など歴任

大正8年(1919)	大正9年(1920)
▽6・15　五戸銀行設立。頭取三浦善蔵、資本金五〇万円 ▽7月　淡谷悠蔵等、文芸思想雑誌「黎明」発行(昭和3年10月まで) ▽9・20　板柳に安田銀行設立。頭取安田才助、資本金五〇万円 ▽10・15　故山田長政の記念碑、中国の孫文、頭山満、犬養毅等の発起により弘前の貞勝寺に建立 この年 ・県種馬所、人工授精実施 ・りんご園の中耕に朝鮮牛導入(急速に普及) ・宮城県石巻出身の沼田磯吉、青森で焼竹輪工場操業。大阪・名古屋方面へ出荷 ・全国共通の自動車運転免許制実施	▽2・11　北郡金木村に町制施行 ▽2・21　三戸郡戸来《へらい》村に木炭組合創立。組合長高橋克衛(前年同村の木炭移出九〇万俵) ▽2・26　青森最初の写真師、柴田一奇没(80歳)

大正9年(1920)
▽3・16　弘前に宮川銀行設立。頭取宮川忠助、資本金五〇万円 ▽3・28　平塚らいてう、市川房江等の新婦人協会発会式 ▽5・29　一戸兵衛(陸軍大将、弘前出身)、学習院長になる ▽6・1　福士幸次郎の詩集「展望」出版祝賀会に与謝野晶子、有島武郎、宇野浩二等出席 ▽7月　弘前歩兵第五二連隊の松下芳男中尉、反戦思想家として追放される ▽8・12　弘前市白銀町に藤田謙一別邸落成 ▽10・1　第一回国勢調査。内地人口五、五九六万人、外地人口二、一〇二万人、本県一六万一、二七六世帯・七五万六、四一三人 ▽12・9　大杉栄・堺利彦・山川均等、日本社会主義同盟結成(秋田雨雀も参加)。10日の発会式に解散命令 この年 ・一戸直蔵没(明治11年西郡越水村の生まれ、

大正9年（1920）

苦学の末、東京帝大理学部星学科卒。アメリカ留学、東大星学科主任教授兼天文台長。42歳で若死）

・本県米大豊作。反当たり一石七斗（一石は一五〇キロ）。米価、前年の石当たり五〇円台から三九円に暴落

大正10年（1921）

▽2・8　衆院議員尾崎行雄、衆議院へ軍備制限決議案を提出（否決）

▽3・3　皇太子裕仁（のちの昭和天皇）、軍艦香取で渡欧（9月3日帰国）

▽3・17　上北郡六ヶ所村泊大火。一七一戸焼失

▽4・12　郡制廃止法公布

▽4・15　八戸出身の羽仁もと子、自由学園設立

▽4・21　三戸郡剣吉で県農会主催の馬耕伝習会開催

▽5・29　三戸郡湊村の日の出セメント会社開業（資本金三〇〇万円）

▽9・15　岩木川改修工事起工式（内務省）

▽12・26　シベリア派遣の歩兵第五二連隊、この夜弘前出発、翌日、秋田船川港から出航

この年

・西海岸自動車会社設立。社長菊谷亀吉（鰺ヶ沢町）

・淡谷悠蔵、武者小路実篤等の運動に呼応し、新城村に「黎明草舎」を設立

大正11年（1922）

▽1・10　大隈重信没（85歳）、1月17日、日比谷公園で国民葬、一〇万人参加

▽2・1　山県有朋没（85歳）、2月9日、国葬

▽4・7　東奥義塾、再興開校式。塾長笹森順造

▽6・14　青森商業学校の生徒、校長に辞職要求（17日辞職）

▽6月　東奥義塾、夜学校開設（英語）

▽7月　日本共産党結成（非合法）

▽10・1　これまでランプ使用の八戸線の列車、電灯使用

▽10月　大沢久明、唐牛僚太郎等、弘前で社会

大正11年(1922)

主義思想の北部無産社結成
▽11・6　県農試五戸分場落成式
▽11・18　アインシュタイン来日
▽11月　無政府主義者・野呂衛(和徳村)、弘前第五二連隊入営のデモ事件
▽12・10　県立工業学校(弘前)新築移転(校地を東奥義塾へ)
▽12・11　貴族院議員補欠選挙で津島源右衛門(金木、文治の父)当選
この年
・平山浪三郎没(文久2年五所川原生まれ、県内二位の富豪、五所川原銀行頭取)
・県産りんご大豊作。二五二万八千箱
・山口県人・葛原猪平、青森に冷蔵庫を建設(漁業用、県内初)

大正12年

▽1・25　弘前・角は呉服店、新店落成(鉄筋コンクリート)
▽2・2　千葉くら(八戸)、千葉裁縫女塾設立

大正12年(1923)

▽2・10　小樽で第一回全日本スキー選手権大会開催
▽2・16　元大関一ノ矢(南郡光田寺村出身)没
▽2・25　北津軽郡喜良市で営林署の木材運搬人夫一三〇名、賃上げ要求でストライキ(全員下山)
▽3・2　尻内駅(八戸)木炭移出高日本一(一一年度三〇〇万俵)
▽4・1　大鰐、石川、町制施行
▽5・16　津島源右衛門死亡により貴族院議員補欠選挙で、山内佐五兵衛(西郡柏村)当選
▽5・20　藤崎、町制施行
▽5・28　西津軽郡舞戸村大火。一一〇戸焼失
▽7月　北津軽郡鶴田村―西津軽郡水元村間の鶴寿橋完成。工費八万円、長さ三〇九メートルに及ぶ
▽8・11　藤田謙一寄付による弘前公会堂開堂式(工費一五万四千円)
▽9・1　関東大震災

大正12年

▽9・4　亀戸事件。軍隊により労働組合指導者一〇余名殺害

▽12月　福士幸次郎帰郷。地方主義運動開始

大正13年（1924）

▽1月　弘前の町田商会、県農試・島技師の要請をうけ、米国からフレンド式動力噴霧器を輸入して貸与

▽2月　三戸郡の木炭、中央市場の二割を占める

▽3・26　県農会主催の第一回稲作多収穫共進会一等賞は、反当たり四石四斗四升の南津軽郡大光寺村の杉沢善弘に（一石は一五〇キロ）

▽4・15　弘前無尽会社設立。のちの弘前相互銀行―みちのく銀行。頭取唐牛敏世

▽5・27　藤崎出身の大の里、大関昇進

▽6・13　この日から二日間、八戸中学校五年生、同盟休校（職員間の対立によるもの）

▽9・13　岩渕謙一、謙二郎兄弟の指導で西郡車力村に三上徳次郎・源蔵等、小作組合を組織。ついで武田村にも結成（のちに農民組合と改称）

大正13年（1924）

▽9・25　本県りんご栽培の指導者・外崎嘉七没（安政6年弘前生まれ、りんご生産者。明治中期から大正時代の本県りんご栽培の代表的な在野の指導者。66歳）

▽10・21　五能線、五所川原―森田間開通（5月に森田村の原田藤次郎が衆院議員に当選している）

▽10月　明治神宮外苑で第一回明治神宮陸上競技大会開催

▽11・10　久八鉄道開通（八戸―久慈間）

大正14年（1925）

▽3・22　東京放送局（ＮＨＫ）放送開始

▽4・9　青森―樺太・真岡《まおか》間定期航路開始

▽4・15　黒石実科高等女学校開校（黒石高校の前身）

▽4・22　治安維持法公布（思想犯取締り強化）

▽4・27　弘前歩兵第五二連隊解隊式

▽5・1　陸軍、四個師団廃止（高田、豊橋、岡山、久留米）

大正14年（1925）

▽5月　五能線（鉄道）森田─鯵ケ沢間工事完成
▽5月　上北郡百石村の幸運橋完成
▽6・3　岩木山神社の宝刀、国宝に指定
▽6・27　三戸郡小中野大火。四三二戸焼失
▽7・13　葛西善蔵、弘前に帰郷。石坂洋次郎が援助
▽9・10　県内選出の貴族議員選挙。有権者一〇〇名に拡大され、選挙激烈。当選鳴海周次郎（西郡車力村）、次点藤田謙一（弘前）
▽10・10　北津軽郡飯詰村の浄水場で五所川原水道起工式
▽11・6　雑誌「蜃気楼」創刊。編集・津島修治（太宰治）

この年
・大坂金助没（弘化2年青森生まれ。少年時代に両親と弟も死亡し天涯孤独の身となり、放浪。明治5年、七二九戸焼失の大火で、叔父から借金して貸座敷業を開業して大儲けする。そして酒造、質屋を営んで大をなし、青森市一の「金持ち」となる。屋号はダイキン。衆議院議員、貴族院議員となる。堤川東北部一帯が大坂家のもので旧町名が「大坂町」。青森商業銀行の頭取にもなる）
・本県稲作大豊作、一一三万石。反収一石七斗七升
・りんご出荷組合の設立増える
・県内農家の構造　自作農　二三、五六九戸
　自小作　三二、七七九戸
　小作農　二四、三六五戸
　計　八〇、七一三戸

註　自小作農とは一部借地を耕作している農家。小作農とはすべて借地の農家

大正15年（1926）

▽2・2　青森市の篠原善次郎、自動車六台と一万五千円を市に寄付。市がこれで4月から市営乗合自動車営業
▽4・5　県立木造中学校開校
▽4・7　県立野辺地中学校開校

大正15年（1926）〈昭和元年〉

▽4・8　青森和洋裁女塾開校
▽4・20　青年訓練所法公布（のちの青年学校、主に軍事訓練）
▽4・24　青森—函館間の電話開通
▽4・28　南津軽郡柏木町ほか四カ村組合立の柏木町農学校開校
▽5・1　青森市でメーデー（初回）
▽5月　文相、学生・生徒の社会科学研究禁止を通達
▽6・26　七戸実科高等女学校開校
▽7・1　郡役所廃止
▽10月　黒石町に消費組合設立（浅利崇、柴田久次郎等指導）
▽11月　若山牧水夫妻を招き、五所川原と青森で歓迎歌会
▽12・25　大正天皇崩御（48歳）。摂政裕仁親王践祚、昭和と改元
この年
・菊池九郎没（弘化4年生、弘前藩士。初代弘前市長、東奥義塾校を創立、衆議院議員18年間、山形県知事、農林省農務局長も。東奥日報初代社長）
・県産りんご大豊作。統計では三八七万箱、実際は五〇〇万箱とも

昭和2年（1927）

▽1・11　青森市に滝内村大字古川、沖館、新田及び、造道村、八重田編入
▽3・3　明治節制定の詔書下る
▽3・21　日銀、市中銀行に非常貸出実施（金融恐慌対策）
▽4・1　五所川原実科高等女学校開校
▽4・20　田中義一内閣成立。蔵相高橋是清
▽5・21　町立八戸商業学校開校
▽5・21　芥川龍之介・秋田雨雀等、青森で文芸講演
▽5・29　弘前市の大火。北横町遊廓から出火、四〇八戸焼失
▽5月　佐藤紅緑の少年小説「あゝ玉杯に花う

昭和2年（1927）

けて」が少年倶楽部に連載開始

▽5月　農民運動指導の岩渕謙一・謙二郎兄弟、西津軽郡車力村から八戸へ転住

▽6・1　鉄道省、陸奥鉄道（津軽北部）を三三四万円で買収

▽6・15　県農試の島技師、北海道農科大学へ転任（のち北大学長に）

▽6・18　西郡木造町の高谷銀行に破産宣告

▽7・24　芥川龍之介自殺（36歳）

▽8・2　全国中等野球大会奥羽予選で青森師範学校優勝。甲子園で延長一二回、札幌中学に敗れる

▽8・29　上海での極東オリンピックで中津軽郡堀越村の道川茂作、一万メートル競走で優勝

▽9・7　弘南鉄道、尾上―弘前間開通

▽10・17　西津軽郡山田川の治水工事起工式

▽11・13　七戸町の東北牧場に四頭で一〇万円のサラブレッド到着

▽12月　県議会、翌年度の一般予算可決（五二

昭和2年（1927）

〇万円）

この年

・南津軽郡竹館産業組合（組合長相馬貞一）、石川駅前にりんご加工場建設、操業

・物価　カレーライス一〇円～一二円（東京）

　ガソリン（一リットル）　一六銭

　清酒一升（並）　九八銭

　ゴム長靴一足　四円五〇銭

昭和3年（1928）

▽1・8　全国中等学校卓球大会で青森商業優勝

▽1・12　NHKラジオ、相撲放送開始

▽1・13　八戸スケート協会主催の第一回東北スケート選手権大会、長根リンクで開催

▽1・14　大鰐で第一回全日本大学・専門学校スキー選手権大会。秩父宮様台臨

▽1・23　ノルウェーのヘルセット中尉等、大鰐でスキー指導

▽1・23　日ソ漁業条約調印

▽2・1　日本共産党、「赤旗」創刊

昭和３年（1928）

▽２月　青森の横山武夫等、歌誌「アスナロ」創刊

▽３・15　共産党員、全国的大検挙。四八八名起訴

▽４・１　青森夜間中学校開校

▽４・４　東京商工会議所の初代会頭・藤田謙一（弘前出身）、貴族院議員に勅選

▽４・12　十和田湖・奥入瀬渓流、天然記念物に指定

▽４・18　弘前大火。富田通り付近六一〇戸焼失

▽４月　津島修治（太宰治）・柿崎守忠等、文芸誌「細胞文芸」創刊

▽４月　竹内俊吉・相馬重一等、文芸誌「銅鑼《どら》」創刊

▽５・３　日本軍、中国山東省済南で国民政府軍と衝突、勝つ

▽５・12　下北郡東通村尻労で女消防隊編成

▽６・１　八戸躍動社の北村祐五郎・川井昌平等、プロレタリア文芸誌「躍動」発刊

▽６・４　張作霖（中国の満州地方軍の統領）、奉天付近で爆死

昭和３年（1928）

▽６・22　南津軽郡六羽川（平川市）付近で水喧嘩。ダイナマイトやピストルで大乱闘、重軽傷者二〇余名

▽７月　淡谷悠蔵・竹内俊吉、「青森劇研究会」設立

▽８・２　全国中等学校野球・奥羽予選大会で、八戸中学、秋田師範学校を破り優勝

▽９・１　青森に県立図書館開館

▽10・６　青森測候所（青森市佃）落成

▽10・15　「東奥年鑑」（東奥日報社）発刊

▽11・１　ラジオ体操放送開始

▽11・１　オリンピック選手・人見絹枝、青森市合浦公園で県下女子選手に陸上競技指導

▽11・10　下北郡大湊、三戸郡田子、町制施行

▽11・10　上北郡藤坂村に善行者の表彰、育英、慈善を目的とする昭和謝恩会設立（主に同村出身の実業家苫米地義三の寄付による）

▽11・10　東奥日報社、「青森県総覧」発行

昭和4年(1929)

▽3月　大学卒業者の就職難深刻化。映画「大学は出たけれど」共感を呼ぶ
▽4・16　日本共産党大検挙
▽4月　八戸市立図書館設立
▽5・1　八戸市制施行
▽5・8　農林省、三本木原の国営開墾を決定
▽9・22　東奥日報記者・竹内俊吉、東奥日報紙上で県下統一の文芸雑誌創刊を提案
▽10・1　この日現在の本県人口八六万九〇〇人(内閣統計)
▽10・10　五戸電鉄、五戸―尻内間開通
▽10・10　秋田雨雀、「若きソウェートロシヤ」(紀行文)刊行
▽10・28　三本木町大火。二三四戸焼失
▽10月　帝展第三部(彫刻)で、中野桂樹、三国慶一特選となる
▽11・20　労農党、県連合会発会式。委員長岩渕謙二郎
▽12・15　岩木川の五所川原―柏村間乾《いぬい》橋落成。工費一五万余円、長さ一八九間

昭和4年(1929)

▽12月　東奥日報社、雑誌「座標」創刊(太宰治、大藤熊太のペンネームで「地主一代」を掲載開始)

この年
・竹内清明没(安政5年弘前生まれ、黒石の人となる。衆議院議員。私設知事と称された)
・珍田捨己没(安政3年生まれ、弘前市出身。外務省総務長官、アメリカ大使、イギリス大使などを歴任。伯爵)
・五戸地方に電気料金値下げ運動広まる

昭和5年(1930)

▽1・20　官立弘前高等学校の左傾学生九名検挙(うち三名送検)
▽1月　田沢清四郎、松緑神道「大和山会」創始
▽2・20　第一七回衆議院選挙。当選者＝一区工藤鉄男(民政党)、藤井達也(政友会)、山内亮(民政党)。二区菊池良一(民政党)、兼田秀雄(政友会)、工藤十三雄(政友会)

昭和5年（1930）

▽4月　淡谷悠蔵、「座標」誌に小説「解氷期」連載開始
▽6・20　弘前乗合自動車会社設立
▽7月　津軽鉄道、五所川原—金木間開通
▽10・1　第二回国勢調査。本県人口八七万九、八一四名
▽10・11　産業組合の県販売購買組合連合会創立（県経済農協連の前身）
▽10・27　台湾・能高郡霧社の原住民蜂起。内地人一三六名殺害、軍隊出動
▽11・14　浜口雄幸首相、東京駅で狙撃され重傷
▽12・25　西郡車力村から八戸へ転住の岩渕謙一医師、「八戸無産者実費診療所」開設
この年
・「世界恐慌」日本にも波及、「昭和恐慌」といわれる。白米（一〇キロ、東京）二円三〇銭、タクシー料金（東京、三キロ）五〇銭

昭和6年（1931）

▽1・10　県内大吹雪。風速二四メートルで、鰺ヶ沢—赤石間で列車転覆
▽1月　大鰐の増田手古奈（医師）、俳誌「十和田」創刊
▽1・26　日本農民組合結成
▽4・1　県りんご試験場開場。場長須佐寅三郎
▽4・1　国立公園法公布
▽6・20　北津軽郡小泊村下前の漁民二〇〇余名、十三沖の鯛網発動機船を襲撃、五隻を拿捕
▽7・5　津軽鉄道、五所川原—中里間開通
▽9・18　満州事変始まる。NHK初の「臨時ニュース」
▽9・27　弘前に県下最初の書道会結社「北門書道会」創立（翌年1月、機関誌第一号創刊）
▽10・4　アメリカのミス・ビードル号機、三沢・淋代を出発、太平洋横断に成功
▽10月　大相撲・前頭四枚目の綾桜（鰺ヶ沢町出身）一〇勝一敗で優勝
▽11月　不況により県内の銀行休業続く（第

昭和6年（1931）

五十九、弘前　商業、青森商業、青森貯蓄、三戸、尾上の各銀行）

この年

・一戸兵衛没（安政5年生、弘前市出身、陸軍大将。日露戦争旅順攻撃時における乃木第三軍内第六旅団長。「陸軍三長官」の一人、教育総監、学習院院長などを歴任）

・嘉瀬の桃（黒川桃太郎）没（明治19年、北郡嘉瀬村生まれ、民謡歌手）

・凶作により農村の不況深刻。要救済戸数五、二〇八戸

昭和7年（1932）

▽1・17　鰺ヶ沢大火。二四六戸焼失

▽1・28　上海で海軍陸戦隊、中国軍と交戦（上海事変）

▽1月　大相撲・関脇清水川（北郡三好村出身）八戦全勝で初優勝、5月大関に

▽2月　東奥日報社の懸賞小説（五〇枚、賞金二〇円以上）に淡谷悠蔵の「鉄色の街」入選

昭和7年（1932）

▽3・1　満州国、建国宣言

▽3月　「八戸小唄」できる

▽4・2　下北郡大畑村大火。一六〇戸焼失

▽4・24　東京・目黒競馬場で第一回ダービー

▽5・1　黒石町で初のメーデー。二〇〇名参加

▽5・14　俳優チャップリン来日

▽5月　1月からこの月まで県下の身売娘一、五〇〇名

▽6・1　青森市、大野村大字金沢、片岡を合併

▽6・8　弘前工業校四年生、教諭の暴力を理由にストライキ、梵珠山に籠城。六八名全員停学五日

▽6・18　竹内俊吉、東奥日報に長編小説「海峡」連載開始（一六三回）

▽7・22　文部省、農山漁村の欠食児童二〇万人と発表（9月7日、臨時学校給食を訓令）

▽7・25　岩木川に初めて発動機船岩木丸（一〇トン）就航

▽9・14　鰺ヶ沢漁港起工式

昭和7年

▽11・23 油川の青森飛行場起工式

▽12・18―19 青森湾の鱈漁、五〇万尾の大漁

昭和8年（1933）

▽1・1 中国の山海関で日本軍、中国軍と衝突

▽1・5 全国学生・生徒卓球大会で、青森中学優勝

▽1・25 第八師団の初年兵一、一〇〇余名、満州守備のため渡満

▽2・19 太宰治の懸賞小説（東奥日報）「列車」入選、賞金五円

▽3・1 船水公明、川崎陸奥雄、丹羽洋岳、竹内俊吉等、短歌誌「樹氷」創刊

▽3・3 三陸大津波。本県被害＝死者九名、行方不明二二名。三沢、百石に大被害

▽3・10 県、学校の欠食児童調査。五三校、三二三五名。最多校は五戸校の一〇〇名

▽3・27 日本、国際連盟を脱退

▽3月 石坂洋次郎、「若い人」を「三田文学」に連載開始

昭和8年（1933）

▽4月 小学校一年生の教科書「読本」に初めて桜色の表紙が使われる

▽8月 今純三（洋画家）の「青森県画譜」刊行開始

この年

・新渡戸稲造没（文久2年生、盛岡藩三本木原開拓奉行の子。アメリカ・ドイツに留学。一高校長、東大教授、東京女子大学長〈初代〉、日本初の農学・法学博士）

・小学校教員の初任給、四五円―五五円

昭和9年（1934）

▽2・9 大鰐で全日本スキー大会。山田伸三、長距離二位、複合・リレーで優勝

▽5・1 下北郡の大畑、町制施行

▽5・10 弘前出身の海軍大将中村良三、軍事参議官兼艦政本部長に親補

▽5・21 大関清水川、一一戦全勝で三度目の優勝

▽5・25 県産業組合青年連盟結成。総裁多久安信知事

昭和９年（1934）

▽5・30　海軍の東郷平八郎元帥没（88歳）。6月5日、国葬

▽7・5　東奥日報社主催の弘前―八戸間の駅伝競走で、南郡常盤村の花田柾吉優勝

▽9・15　竹内俊吉、長編小説「わかれ道」を東奥日報に連載（一五五回）

▽12・13　五能線、轟《とどろ》木・追良瀬・深浦三駅開業

この年

・佐藤愛麿没（安政4年生、弘前藩士の子。東奥義塾からアメリカ留学、外務省に。オーストラリア大使、宮中顧問官。佐藤尚武の養父、妹が珍田捨己の妻）

・本県の身売女性五、一二五名（県調査）

昭和10年（1935）

▽1月　県、産業組合未設置解消運動展開

▽2・9　第一三回全日本スキー大会で、山田伸三・山田銀蔵（大鰐町）オリンピック代表に選ばれる

▽2月　湯川秀樹、中間子論を発表

昭和10年（1935）

▽3月　三戸郡から満州への移民開始

▽3月　中学校長会議で男子中学生の制服を国防色に決定

▽7・16　陸軍、真崎甚三郎教育総監を罷免（統制派、皇道派の対立）

▽8・3　三戸郡上郷村夏坂と秋田県大湯間の道路開通

▽8・10　秩父宮、弘前歩兵第三一連隊大隊長として赴任

▽8・12　陸軍省軍務局長永田鉄山、皇道派の相沢三郎中佐に刺殺される

▽8・18　隅田川での第一一回全国中学校漕艇大会で青森中学優勝

▽8・23　吉川英治、「宮本武蔵」を朝日新聞に連載開始（昭和14年7月まで）

▽9月　石川達三、「蒼氓《そうぼう》」で第一回芥川賞受賞

▽10・27　相馬貞一没（69歳）、南郡竹館村出身、りんご界、産業組合の功労者

▽10月　北津軽郡三好村で財政困難により学校

昭和10年（1935）

教員の月給支払い不能に陥る（同様のこと他地方にも増加）

この年

・千葉クラ没（明治9年八戸生まれ、千葉学園の創立者）

・大工一日賃金（東京）一円八九銭

巡査の初任給（東京）月額四五円

昭和11年（1936）

▽1・5　第五回全国中等学校卓球大会で、青森商業優勝

▽2・1　十和田湖・八甲田山一帯、国立公園に指定

▽2・20　第一九回衆議院選挙。民政党二〇五、政友会一七一、昭和会二二、社会大衆党一八、国民同盟一五、中立・その他三五。本県の当選者＝一区工藤鉄男(民政)、小笠原八十美(政友)、藤井達二（政友）、二区兼田秀雄（昭和）、工藤十三雄（政友）、菊池良一（民政）

▽2・26　二・二六事件（本県の対馬勝雄中尉も

昭和11年（1936）

参加、7月死刑）

▽3・24　内務省、メーデー禁止を通達

▽4・25　西津軽郡木造町で第一回農馬共進会開催

▽7・13　本県の出稼ぎ漁夫、オホーツク海で遭難。一七人死亡

▽7・28　弘前にりんご移出組合設立。理事長清藤唯七

▽8・31　小野正文、東奥日報に小説「海の絵」を掲載

▽9・19　県立藤坂農事試験場落成

この年

・野沢如洋没（元治2年弘前生まれ、日本画家。特に馬の絵が有名）

・竹ヶ原助八没（明治11年上北郡藤坂村生まれ。明治末同村の産業組合〈農協の前身〉創立者、農事功労者）

・対馬勝男没（陸軍中尉、田舎館村の出身。二・二六事件の加担者として死刑に）

昭和11年（1936）

・県内の小作争議発生二六七件（これまでの最高）
・大相撲鏡岩（上北郡四和村出身）、双葉山と共に大関昇進

昭和12年（1937）

▽2・11　文化勲章令公布
▽4月　県立金木修練農場で満州移民訓練
▽4・30　第二〇回衆議院選挙。本県の当選者＝一区小笠原八十美、工藤鉄男、森田重次郎、二区小野謙一、津島文治、工藤十三雄
▽5・26　双葉山、横綱に推挙
▽6・4　第一次近衛内閣成立
▽7・7　支那事変（日中戦争）始まる
▽12・13　日本軍、南京占領
▽12・15　山川均、加藤勘十等、労農派四〇〇余人検挙される
▽12・26　内閣情報部、国民歌「愛国行進曲」発表。レコード一〇〇万枚売れる

昭和13年（1938）

▽7・15　第一二回オリンピック東京大会を返上決定
▽7・18　八戸市交通部、木炭バス運行（ガソリン不足）
▽7月　弘前警察署、戦時中を理由にネプタ禁止
▽9・1　農林省、全国農家一斉調査（初の農業センサス）
▽9・24　第一回全国青年学校相撲大会で本県優勝
▽10・11　全国中学校柔道大会で野辺地中優勝
▽10・27　日本軍、中国の武漢三鎮占領
▽10月　棟方志功、第二回文展で特選
▽12・26　中谷宇吉郎、雪の人工結晶に成功

この年

・佐々木伝次郎没（明治5年三戸郡戸来村生まれ、村長五期二〇年。昭和初期、県内最初の酪農の普及者）
・陶製鍋、竹製のスプーン、鮫皮靴など「代用

昭和

昭和13年（1938）

品」出始める

・県内各地で戦地への「慰問袋」発送運動起こる。「武運長久」の「千人針」も。婦人会の会合では「国防婦人会」の襷《たすき》をかけて。

昭和14年（1939）

▽1・15　大相撲春場所で安芸の海、六九連勝中の横綱双葉山を敗る

▽1・15　日東化学八戸工場設立（硫安製造）

▽1・25　警防団令公布（消防組が警防団となる）

▽1・28　東京帝大総長平賀譲、経済学部河合栄治郎、土方成美両教授の休職処分を上申

▽2・11　東奥日報社、戦争協力雑誌「月刊東奥」創刊。編集者林柾次郎、沙和宋一等

▽2・16　商工省、鉄製不要品の回収開始

▽4・26　青年学校を義務制とする

▽5・12　満州国西部のノモンハンで満・外蒙両国軍衝突、「ノモンハン事件」起こる

▽5・22　東京・二重橋前で全国学生・生徒代表三万二、五〇〇人の分列行進。天皇御親閲

昭和14年（1939）

▽5・22　本県最初の北津軽郡農業保険組合創立

▽6・1　東郡油川町、青森市に編入

▽6・7　満蒙開拓青少年義勇軍、一、五〇〇名の壮行会

▽7・8　国民徴用令公布（青年を軍需工場などへ）

▽11・6　農林省、米の配給統制令公布（米の強制買上実施）

▽12・6　大畑線、大湊―大畑間開通

▽12・25　木炭配給統制令公布

この年

・笹森順造（弘前出身）、青山学院長に就任

昭和15年（1940）

▽2月　県立金木修練農場に満州開拓地への花嫁養成目的の女子訓練所開設

▽4・10　八戸市営火葬場、重油の配給なく火葬不可能となる

▽5・1　大相撲夏場所で桜錦（板柳町出身）、横綱双葉山を敗る

昭和15年（1940）

▽5・2　県、戦地慰問の第一次芸妓部隊を七名派遣

▽5・17　閣議、新聞・雑誌用紙統制委員会の設置を決定

▽7・2　りんご袋にも切符制（配給）採用

▽7・17　青森警察署、米穀商の闇行為を摘発。県下に波及、送検一、一〇〇名

▽9・14　西津軽郡選出の県議菊谷亀吉、選挙違反で失格。竹内俊吉、繰り上げ当選

▽9・23　日本軍、北部仏印（ベトナム）に進駐

▽9・27　ベルリンで日独伊三国軍事同盟調印

▽10・1　国勢調査。本県人口一〇〇万五〇九名

▽10・8　青森市古川大火。二五五戸焼失

▽11・24　「元老」西園寺《さいおんじ》公望《きんもち》没（91歳）。12月5日、国葬

この年

・竹浪集造没（明治22年板柳町生まれ、りんご生産者、町長五期。昭和15年にりんごを「林檎」と書くことを提唱。春夫の父）

昭和15年（1940）

・岡本正志没（明治2年西郡稲垣村生まれ。小学校長を辞め、明治42年、稲垣村繁田に産業組合設立。昭和3年、青森に全国初の協同組合病院〈青森市民病院の前身〉設立）

・県産りんごの出荷量一、〇二九万三、五二七箱（これまでの最高）

昭和16年（1941）

▽1・11　新聞紙等、掲載制限令公布

▽2・1　青森地方の気温、零下一四度記録

▽3・8　八戸菓子工業組合、「愛国パン」製造。材料の三割五分が馬鈴薯

▽3・29　青森・弘前・八戸で米の配給制実施。一人一日二合七勺

▽3月　弘前警察署、釘、硫酸銅、新聞紙の闇取引、横流しを摘発

▽3月　県、このときから10月にかけて桑畑四六町歩、果樹園四〇町歩を伐採させる

▽4・1　小学校を国民学校と改称

▽4・13　日ソ中立条約、モスクワで調印

昭和16年（1941）

▽4・17　ＮＨＫ青森放送局開局
▽5・12　三本木町大火。六八七戸焼失
▽6・1　農林省次官に三浦一雄（五戸町出身）任命
▽7・25　アメリカ、在米日本資産を凍結
▽8・1　アメリカ、対日航空機用ガソリンの輸出禁止
▽9・10　北津軽郡中里、町制施行
▽9月　日本陸軍、満州に七〇万の兵力集結
▽10・1　北津軽郡鶴田、町制施行
▽10・5　東津軽郡蟹田、町制施行
▽10・18　東条内閣成立
▽11・8　今裕（弘前出身）北海道大学総長に再選
▽12・8　「大東亜戦争」勃発
▽12・25　香港の英軍降伏
この年
・高山文堂没（嘉永2年弘前生まれ、書家）
・本県冷害・凶作。収穫皆無一万九〇〇〇町歩、りんごも不作七三八万箱

昭和17年（1942）

▽1・30　県、県内の隣組に国債購入割当
▽1・31　青少年学徒の勤労報国隊実施要綱決定
▽2・1　味噌・醤油購入に切符制（点数制）実施
▽2・15　日本軍、シンガポール占領
▽2・28　駐ソ大使に佐藤尚武（弘前出身）就任
▽3・9　ジャワのオランダ軍降伏
▽3・25　大政翼賛政治体制協議会県支部結成。支部長山田金次郎（東奥日報社長）
▽4・1　三戸郡下長苗代村、八戸市に合併
▽4・1　五戸町立実科女学校、町立田名部中学校開校
▽4・18　米軍機、東京、名古屋、神戸を初空襲
▽4・30　衆議院選挙（大政翼賛選挙）。一区小笠原八十美（翼賛会の非推薦）、三浦一雄（推薦）、森田重次郎（推薦）。二区竹内俊吉（推薦）、楠美省吾（非推薦）、長内健栄（非推薦）
▽5・4　第一回芸術院賞。小磯良平（画家）、高村光太郎（詩人）、川田順（歌人）受賞
▽6・5　ミッドウェー海戦で、日本四隻の航空

昭和17年（1942）

母艦を失う

▽6・7　日本軍、北太平洋のアッツ島占領

▽6・9　八戸放送局放送開始

▽7・1　県、各郡に地方事務所開設（県庁の統合出先機関）

▽11・3　下北郡大間村、町制施行

▽11・3　優良多子家庭として、八戸の簗瀬真（男七、女三）、上北郡浦野舘村の米内山マサ（男六、女七）、厚生省から表彰

▽11・7　鉄道省、行楽、買出し制限のため乗車券の売出しを制限

昭和18年（1943）

▽2・1　日本陸軍、南方のガダルカナルから撤退開始

▽2・2　ソ連のスターリングラードでドイツ軍降伏

▽3・12　石舘守三（青森市出身、東大教授、薬学博士）、学士院賞受賞

▽3・26　県、りんご園転換令を出す（りんご園

昭和18年（1943）

に麦などを植えろと）

▽3・31　山田俊介知事、満州国警務局長に転出

▽3月　県、新植のりんご園約一千町歩の伐採を勧奨

▽4・1　南津軽郡大光寺村、町制施行

▽4・2　一八年度の県内木炭生産割当四三〇万俵と決定。うち三戸郡九七万俵

▽春　北海道の春鰊漁二〇年来の豊漁。青森港で作業員不足のため腐敗

▽6・8　田植前にりんごの袋掛けをした中津軽郡船沢村民三〇余名検挙される

▽10月　北津軽郡七和村の阿部徹を団長とする満州開拓団、奉天省城山地区に入植

▽11・1　兵役を四五歳まで延長の兵役法改正

▽12・10　文部省、学童の地方疎開促進

▽12・15　下北郡脇野沢で鱈大漁。この日一五万尾、輸送難で馬橇《ばそり》を使う。年内に一〇〇万尾水揚げ。

▽12・20　松根（油がガソリンの代用）の供出、

昭和18年（1943）

本県全国第三位、東北では一位
▽12・24　徴兵適齢を一年引下げ
▽12・24―25　青森歩兵第五連隊、フィリピン・レイテ島でほとんど全滅
この年
・佐賀清太郎没（元治元年、下北郡風間浦生まれ、佐賀家一一代目、網元。北海道・留萌地方の鰊漁場開拓者）
・加藤源三没（北郡中里町生まれ。青森師範卒、上北郡藤坂村の小学校長を長く務める。産業組合〈農協の前身〉にも肩入れし、農業振興に尽力）
・大政翼賛会、ヒマ栽培展開。本県割当六一トン（前年の二倍）
・青森連隊区司令部に集まった陸軍諸学校生徒志願者四、二八四名でこれまでの最高
・県内の供木運動で4月、二万三、八八二本（軍部の木造船製造用。このため神社・寺の境内の木が伐られる）

昭和19年（1944）

▽1・13　供出米未完納の西津軽郡越水村へ鰺ヶ沢警察署長等が赴き徹夜で説得
▽1・20　農業団体統合（産業組合、農会）による県農業会設立総会。会長藤田重太郎（県議会議長、中津軽郡高杉村）
▽2・25　文部省、食糧増産に学徒五〇〇万人動員を決定
▽2・30　日曜日。りんご買出し部隊浪岡駅に殺到。同駅開設以来の大混雑
▽3・5　警視庁、高級料理店、待合芸妓屋、バーなどを閉鎖させる
▽3・30　本県初の女子挺身隊青森隊九二名、五カ月の勤労奉仕を終えて帰県
▽3月　この頃から青森市で防空壕づくり始まる
▽4・28　三戸郡名久井村ほか八町村立農学校、下名久井に創立
▽6・15　米軍、サイパン島上陸（7月7日、守備隊三万名玉砕、住民死者一万名）

昭和19年（1944）

▽6・19　マリアナ沖海戦。日本軍、空母艦、航空機の大半を失う
▽7・18　東条内閣総辞職
▽7・22　小磯国昭内閣成立
▽7月　三戸町に陸軍の第一一七師団司令部設置
▽8・4　青森・弘前の両中学校五年生三〇〇名に県外軍需工場への動員令下る
▽8・23　女子挺身勤労令公布（女学生も対象）
▽8月　八戸市立工業学校創立
▽9・20　風害でりんご一五五万箱落果
▽9・28　県営斗南ヶ丘酪農地区竣工式（本県最初の酪農集団。北海道からの移住者たち）
▽11・15　太宰治、「津軽」刊行
▽11・26　中津軽郡清水村でりんご園伐採（一、三〇〇本。食糧増産隊による）
▽11・30　五所川原大火。「布嘉」邸など七二三戸焼失
▽11月　布団綿の供出割当、本県に四万貫（爆薬の材料に）

昭和19年（1944）

▽12・15　脇野沢の鱈豊漁。この日一日で一五万尾、年内に一〇〇万尾水揚げ。馬橇で運搬
この年
・三橋三吾没（明治8年青森市生まれ、自費で図書館を設立〈のちの市立図書館〉）
・軍歌「予科練」「同期の桜」流行
・本県の刀匠二唐主呂、陸軍大臣賞受賞

昭和20年（1945）

▽1月　この頃、ゴム長靴に代わるツマゴの使用増える
▽2・22　陸軍、重砲隊を八戸の天狗沢に配備
▽2・25　八戸の和洋裁縫女塾（白菊学園の前身）カトリック系学校として閉鎖
▽3・9　この日から翌日まで米軍「B29」、東京大空襲、同月14日大阪を。5月24日—25日宮城全焼、東京の区内大半焼失
▽3・18　閣議、国民学校初等科以外の授業を4月から一年間停止と決定

昭和20年（1945）

▽3月　この頃、アルミ不足のため「曲げワッパ」の使用増える
▽4・1　米軍、沖縄本島に上陸（6月23日守備隊全滅。戦死者九万、一般住民死者一〇万人）
▽4・1　「読売報知」「毎日新聞」「朝日新聞」県内配布停止（紙不足による）
▽4・10　りんご買出し一人四貫を二貫に制限
▽5・8　ドイツ、連合国軍に無条件降伏
▽5・14　県造船会社、全国で三番目の合板木造船起工式
▽7・14　この日から翌日にかけて米軍機、青函連絡船、八戸・三沢の飛行場、青森港、尻屋・大間などの灯台を爆撃
▽7・26　米・英・ソ、対日ポツダム宣言を発表
▽8・6　アメリカ、広島に原爆投下（9日、長崎に）
▽8・8　ソ連、対日宣戦布告
▽8・15　天皇、ラジオで戦争終結の詔書を放送
▽8・30　連合国最高司令官マッカーサー、厚木

昭和20年（1945）

飛行場到着
▽9・2　横浜沖の米艦ミズーリ号上で、日本降伏文書に調印
▽9・8　アメリカ第九艦隊、大湊へ入港。25日米陸軍、青森へ上陸。9月26日米軍一、五〇〇名、八戸へ上陸。
▽9・27　天皇、マッカーサーをご訪問
▽9月　上北地方の児童、ドングリ・トチなどを拾い集める（食糧難）
▽9月　街頭に「ヤミ市」増える（軍放出の物資）
▽10・29　日本勧業銀行、第一回宝くじ発売
▽11・2　GHQ、財閥解体を日本政府に指令
▽11・25　弘前玉成国民学校で県下りんご生産者大会開催。12月16日も（主催県農業会、企画者、同会筆頭職員渋川伝次郎。りんご協会設立などを図る）
▽11・26　戦災のため青森師範学校、弘前時敏国民学校内に移転
▽12・6　GHQ、近衛文麿、木戸幸一等九名の

昭和

逮捕を命令
▽12・9　GHQ、農地改革の覚書を日本政府に発する
▽12・22　労働組合法公布
▽12・23　八戸で鳩山一郎総裁を迎え、自由党県支部結成大会開催。支部長小笠原八十美
▽12・25　日本進歩党県支部結成大会開催。支部長津島文治
この年
・中村良三没（明治11年弘前生まれ、海軍大将）
・岸谷隆一郎没（明治34年黒石生まれ。旧満州国通化省警務庁長。満州における朝鮮独立運動指導者たちを討つ。終戦時、ソ連軍の進駐を前に妻子と共に自害。盛田三喜男は岸谷の弟）
・全国的に凶作。本県の稲作は前年の半作。供出米実績、割当の二三％
・酒不足によりメチルアルコールを飲み、死者続出

昭和21年（1946）

▽1・1　天皇、神格化否定宣言（人間宣言の詔書）
▽1・4　GHQ、軍国主義者の公職追放指令
▽1・14　三戸国民学校、薪炭不足のため週四回、一日三時間授業とする
▽1・25　金井元彦県知事、追放免職（戦時中の知事として）
▽1・29　GHQ、琉球列島、小笠原諸島に対し日本政府の行政権停止を指令
▽1月　県知事、農村へ供出米の督励に行脚
▽2・3　マッカーサー、民政局に日本国憲法草案作成を指示
▽2・5　県警察部、県下一斉に隠匿物資の摘発開始
▽2・5　青森県立図書館再開
▽2・17　金融緊急措置令施行（新円発行。旧円の貯金封鎖）
▽2・23　中学校を五年制に戻す
▽2月　第一次農地改革実施

昭和21年（1946）

▽4・1　上北郡七戸町ほか三カ村組合立農学校開校
▽4・10　戦後初の衆議院選挙。自由一四一、進歩九四、社会九三、協同一四、共産五、無所属八一、諸派三八。本県当選者＝笹森順造（中立）、小笠原八十美（自由）、夏堀源三郎（自由）、山崎岩男（進歩）、大沢久明（社会）、津島文治（進歩）、苫米地義三（進歩）
▽4月　農村でも食糧不足のため県内農業会、保管中の政府米出庫拒否続出、警官出動
▽4月　県内の鰊豊漁
▽5・31　弘前の柴田学園に東北女子専門学校設立認可
▽7・6　青果物価格統制令により、りんご一箱八一円と決定（生産者ショック）。闇価格、立木のまま一箱一千円の相場
▽8・17　青森師範学校、弘前公園内の兵器庫跡へ移転
▽8月　アメリカの輸入食糧、とうもろこし、缶詰、県下に配給
▽9・1　弘前で「陸奥新報」創刊
▽9・7　政府、本県の産米量を一二〇万石と推定。供出割当を六二万二、七〇〇石と決定
▽9・14　青森市蓮華寺で日農県連第一回大会。参加者二、五〇〇名、供米の強権発動反対など決議
▽9・24　県りんご協会設立
▽11・3　新憲法公布
▽11・16　当用漢字表（一八五〇字）と現代かなずかいを告示
▽11・23　五所川原大火。八〇〇戸焼失
▽11・24　県庁全焼。県立図書館も類焼
▽12・5　樺太引揚げの第一船、函館入港（8日、シベリア引揚げ第一船、舞鶴入港）
この年
・藤田謙一没（明治6年弘前生まれ、日本商工会議所初代会頭。「藤田別邸」は同氏のものだった）

昭和21年(1946)

・福士幸次郎没(明治22年弘前生まれ、地方主義を唱えた口語詩人)
・横内忠作没(明治10年野内村生まれ、法政大学卒。野内村に県内一の石油タンクを建設、青森商工会議所会頭も)
・六大学野球、全国中等学校野球大会、プロ野球大会復活
・総理大臣の給料(月)三千円
大学の授業料(年)早大六八〇円
慶応七〇〇円
・「農地改革」直前の地主・自作農・小作農の割合

県内	農家総数	一〇一、〇八一戸
	自作農	二九、七〇一戸
	小作兼自作	一八、三七八戸
	小作農	三一、二三五戸
	不耕作農家	三、二四〇戸

(すべてを貸している地主)

昭和22年(1947)

▽1・31 翌日予定のゼネスト、マッカーサーの中止指令で寸前に挫折
▽3・3 政府米の出庫拒否を続ける中郡相馬村の責任者等、青森進駐軍の命令で警察署に拘留
▽3・22 青森医専校、弘前へ移転
▽3・31 第一回農地買収実施(農地改革による)
▽4・5 戦後最初の都道府県知事、市町村長選挙。本県知事に津島文治当選(次点、小笠原八十美)
▽4・20 第一回参議院議員選挙。本県当選者＝佐藤尚武、平野善治郎
▽4・25 衆議院、戦後最初の選挙。本県一区＝小笠原八十美(自由)、山崎岩男(民主)、苫米地義三(民主)、夏堀源三郎(自由)。二区＝笹森順造(国協)、工藤鉄男(民主)、外崎千代吉(社革)
▽4・30 戦後初の県議選。初の女性議員森田キヨ(木造町)当選
▽7・21—23 大雨で県下田畑六、一九五町歩冠

昭和22年（1947）

水。岩木川流域、三八・上北地方被害甚大。8月6日まで続く

▽7月　青森市の墓地、三内へ移転始まる

▽8・1　ネブタ復活

▽8・9　古橋広之進、水泳四〇〇メートル自由形で世界新記録

▽8・10　天皇、この日から県内御巡幸（八戸、青森、浪岡、黒石、弘前のコース）

▽8・24　弘前警察署、大規模な密造酒地として田舎館村を急襲、トラック三台分押収

▽9・21　シベリアからの復員軍人二、〇〇八名、青森港へ入港

▽10・1　臨時国勢調査。県内労働人口中の六二%が農業人口

▽10・11　東京の判事山口忠良、配給食糧だけの生活で栄養失調となり死亡（社会的問題となる）

▽10・22　りんご、自由販売となる

▽10月　トヨタ自動車、トヨペットSA型乗用車の生産開始

昭和22年（1947）

▽11・19　農業協同組合法公布

▽12・15　農業災害補償法公布（これにより農業共済組合設立）

この年

・神田重雄没（明治7年生まれ、八戸市の二代目市長、県議。八戸漁港の振興・整備の功労者）

・米軍、三沢に飛行場建設開始

・全国中等学校相撲大会で三本木農業優勝

・映画館入場料一〇円（東京）

昭和23年（1948）

▽1・1　皇居の二重橋を一般参賀に開放

▽2・4　GHQ、農地改革の強力実施を指令（これにより旧地主消滅）

▽2・5　西津軽郡越水村農協、設立認可申請（県下最初）

▽2・13　青森医専校、弘前医科大学に昇格

▽2・16　文部省、義務教育漢字八八一字を発表

▽3・10　芦田内閣成立（民、社、国協の連立）

昭和23年（1948）

▽4・1　県下の新制高校発足（県立二二、公立一二校）
▽5・12　三戸郡北川村剣吉の大火。二四四戸焼失
▽6・13　太宰治、東京・玉川上水で自殺
▽6月　県庁にりんご課新設
▽8・14　県農業会及び各市町村農業会一斉解散（GHQの指令による）
▽11・1　県教育委員会発足
▽12・23　東条英機等、A級戦犯の死刑執行（極東軍事裁判）

この年
・県内りんご生産が回復し一、三七六万箱
・三本木税務署へ農民大会参加者一五〇名押しかける
・新聞購読料月四五円、ビール一本一六二円
・県内からの出稼ぎ　水産関係一二、五三八人
炭鉱　七七五人
林業　一、二三九人

昭和24年（1949）

▽1・23　衆議院第二回総選挙。本県当選者＝一区、小笠原八十美（民自）、苫米地義三（民主）、山崎岩男（民主）、夏堀源三郎（民自）。二区、奈良治二（民自）、笹森順造（国協）、清藤唯七（民主）
▽3・31　過去一年間の県内浮浪児取扱数一七一名と県発表
▽3・31　本県への一般引揚者一〇万一、二六六名、うち住宅無縁故者二、四八六名と県発表
▽4・20　県内の農協数五八一、連合会一五（全国屈指の乱立）
▽4・23　GHQ、一ドル三六〇円の為替レート指示
▽5・19　二一年産の供出米空券事件の責任を問われていた元県食糧課長福士重太郎に無罪判決
▽5・24　年齢を満で数える旨の法律公布（翌年1月1日施行）
▽6・17　津軽地方に降雹。農作物の被害面積三千町歩

昭和24年（1949）	昭和25年（1950）
▽6・27 ソ連引揚者第一船舞鶴入港 ▽7・12 農林省直営の十三潟干拓工事起工式 ▽8・16 古橋広之進、全米水泳大会で三種目に世界新記録 ▽11・3 湯川秀樹、ノーベル賞受賞 ▽11・15 佐藤尚武（弘前出身）、参院議長に就任 ▽12・1 お年玉つき年賀はがき発売（最初） この年 ・袴田里見没（明治37年生まれ。モスクワ留学、戦後、日本共産党を再建、副委員長。のち反主流派となって除名される） ・野菜、いも、石炭、鉄、セメントなど統制撤廃	▽1・7 千円札発行 ▽1・30 官立弘前高等学校閉校。三〇年の歴史を閉じる ▽2・25 県内四万名の小・中学生トラホーム罹患率二五・三％（全国平均は五％弱） ▽3・1 自由党結成。総裁に吉田茂

昭和25年（1950）
▽3・31 初代県労働部長に、大湊町長今野良一発令 ▽4・28 国民民主党結成。最高委員長に苫米地義三（十和田市出身） ▽5・14 東北女子短大学長柴田やす、開学式壇上で急逝（71歳） ▽6・6 マッカーサー、共産党中央委員二四人の公職追放を指令 ▽6・14 国鉄の機構改革で青森には営業所、盛岡・秋田に管理局設置。本県は盛岡、秋田、青函の三局に分割 ▽6・25 朝鮮戦争勃発（南北分割となる） ▽6・25 青森競輪場開場（合浦公園内） ▽7・8 マッカーサー、吉田首相に警察予備隊（七万五千名）創設と海上保安庁拡充（八千名増員）を指令 ▽7・10 沖縄米軍政府、特別布告 ▽12・13 政府、生産者米価（供出価格）石当たり（一五〇キロ）五、五二九円と告示

昭和25年（1950）	昭和26年（1951）
この年 ・日本人の平均寿命、男五八歳、女六一歳 ・ナイロンの漁網普及 ・鉄道運賃、青森—上野七二〇円	▽2・20　青森港へ一三年ぶりに外国船入港（英国の石油タンカー） ▽3・15　弘前大学理学部に農学科増設（のちの農学部） ▽3・31　農業委員会法公布 ▽4・1　食糧公団解散（民営の米屋復活） ▽4・1　県立中央病院開院（県庁東の旧新町小学校跡地に） ▽4・1　青森市に東津軽郡滝内村を編入 ▽4・11　GHQマッカーサー司令官罷免（朝鮮問題で）。4月16日帰国。東京都民など見送り人二〇万人、衆参両院、感謝決議 ▽5・1　東北電力会社発足 ▽6・20　十和田電鉄運転開始

昭和26年（1951）	昭和27年（1952）
▽8・24　三戸郡田部村（福地村）川井助美のアラブ系星友号（馬）、全国最高値の一〇八万円で売れる ▽9・8　サンフランシスコで対日平和条約、日米安全保障条約調印（ソ連など三カ国不参加。日本の全権は吉田首相と苫米地義三〈民主党委員長〉） ▽10・20　弘前無尽会社、弘前相互銀行として発足（のちのみちのく銀行、頭取唐牛敏世） ▽11・20　第一回青森—東京間駅伝。青森二位 ▽12・7　平井信作（浪岡）の小説「生柿吾三郎の来歴」、東奥日報に連載開始	▽1・11　日航機、三沢空港寄港開始 ▽1・26　弘前電鉄、弘前—大鰐間開通 ▽2・10　青森の佐藤博治、第一九回世界卓球選手権大会（ボンベイ）でシングルス優勝 ▽3・6　警察予備隊青森連隊本部同中隊六五〇名到着

昭和

昭和27年（1952）

▽3・13　県議会、米内山義一郎（社会党）の発言で除名（賛成三四、反対一〇）。のちに最高裁で除名無効となる
▽3・31　県、各地方事務所廃止
▽7・1　米軍、羽田空港返還（国際空港として使用開始）
▽7・5　北洋のサケ・マス、約一〇年ぶりで青森港に水揚げ
▽7・15　農地法公布
▽8・31　東津軽郡筒井村、町制施行
▽11・1　地方教育委員会発足
▽11・4　第二回青森—東京間駅伝、本県初優勝（以後四連覇）

この年
・本県の高校進学率三〇％
・スクーター流行
・県産りんご、初めて二千万箱台に回復。二、一六六万箱
・陸奥湾の鱈漁、皆無状態に

昭和27年（1952）

・小学校教員の初任給一万二、九〇〇円、大工一日五三〇円
・物価（東京）
　牛肉（一〇〇グラム）　六七円
　牛乳（一本）配達　一四円
　ガソリン（一リットル）二五円
　ゴム長靴　七五〇円
　納豆　一〇円

昭和28年（1953）

▽1・24　三戸郡斗川村出身の大関鏡里、初優勝。同月、横綱となる（県内最初）
▽2・1　ＮＨＫ、東京地区でテレビの本放送開始
▽3・23　中国引揚げ第一船（旧満州を含む）、舞鶴入港
▽3月　各地で新制国立大学最初の卒業式
▽4・19　衆議院選挙。一区＝夏堀源三郎（自由）、山崎岩男（自由）、三浦一雄（改進）、淡谷悠蔵（社会）。二区＝楠美省吾（改進）、木村文男（自

昭和28年(1953)

由)、三和精一(自由)

▽4・20 山田敬蔵、ボストンマラソンで優勝(二時間一八分五一秒)

▽7・27 朝鮮、休戦協定調印

▽8・1 軍人恩給復活

▽8・1 町村合併促進法公布

▽8月 目屋ダム着工

▽10・12 ラジオ青森、放送開始(社長竹内俊吉)

▽10・21 十和田湖畔の「乙女の像」除幕式。作者高村光太郎も出席

▽12・31 NHK「紅白歌合戦」放送(第一回)

この年

・大学受験の予備校増加

昭和29年(1954)

▽3・8 農林省、アメリカから余剰小麦など六〇万トン輸入(MSA小麦協定による)

▽6・9 三戸郡に降霜。畑作、りんご園三万町歩に被害

▽6・30 青森ガス創立総会

昭和29年(1954)

▽7・17 北郡鶴田町と西津軽郡水元村を結ぶ鶴寿橋落成(岩木川)

▽9・13 県立図書館落成

▽9・26 台風一五号襲来。青函連絡船洞爺丸沈没、死者・行方不明一、一五五名。わが国最大の海難事故。県内のりんご落果六一八万箱

▽12・10 第一次鳩山内閣成立

▽12・15 南部縦貫鉄道起工式(七戸町—野辺地町)

この年

・黒石市浅瀬石地区に、りんご園の共同防除施設(定置配管式)できる。県内初

・青森高校出身の寺山修司、「短歌研究」第二回五〇首詠で特選

・電気洗濯機、急激に普及

昭和30年

▽2・27 衆議院選挙。当選者=一区淡谷悠蔵(社会)、三浦一雄(民主)、夏堀源三郎(民主)、小笠原八十美(自由)。二区木村文男(民主)、

昭和30年（1955）

楠美省吾（民主）、竹内俊吉（民主）

▽7・2　第三回サンパウロ国際美術展で棟方志功入賞

▽10・1　第八回国勢調査。全人口八、九二七万人、本県一三八万人

▽10・10　県、県内の不振農協二〇組合に解散命令

▽12・13　日本の国連加盟にソ連拒否権行使

この年

・菊池幸次郎没（明治4年弘前生まれ、五所川原農学校長を前後二回、通算二〇余年務める。津島文治、渋川伝次郎も当時の卒業生。協同精神を重んじ、生徒に購買・販売組合を作らせる）

・東芝、電気釜を発売

・りんごのモニリア被害甚大。半作以下の九八八万箱

・物価、賃金（東京）

大工一日	七三〇円
納豆一包	一〇円
白米（一〇キロ）	八四五円
醤油一升	一五〇円
ガソリン（一リットル）	三七円
カレーライス	一〇〇円
牛乳（一本）	一二円五〇銭
銀行の初任給	五六〇〇円

昭和31年（1956）

▽1・22　大相撲初場所で横綱鏡里、三回目の優勝（連続）

▽2・1　県購買農協連と県販売農協連が合併、経済農協連に。会長山内亮（八戸市）

▽2・11　下北郡脇野沢村の鱈、七年連続で不漁。五〇〇の定置網に一、二〇〇匹

▽2・19　「週刊新潮」創刊。週刊誌ブーム起こる

▽5・24　売春防止法公布

▽5・30　国立東京第一病院で小児麻痺予防のソークワクチン初注射

▽7・20　知事選で自民党非公認の山崎岩男当選

昭和

昭和31年（1956）

▽10・5　三本木市議会、市名を十和田市に変更議決
▽11・4　本県の佐藤りつ、全国民謡大会で優勝
▽12・14　石橋湛山、自民党総裁に当選
▽12・18　国連総会、日本の加盟を可決
▽12・20　ＮＨＫ、カラーテレビの放映、東京で実験
▽12・26　ソ連からの引揚げ船の最後一、〇二五名を乗せ舞鶴港に入港

この年

・山田金次郎没（明治18年青森市生まれ、東奥日報社長。「東奥日報中興の祖」といわれた。独学新聞の帯封係、校正係から記者に転出。山田幸雄の義父の竹内俊吉を登用した社長。
・小笠原八十美没（明治21年上北郡十和田湖町生まれ、戦前・戦後を通じて衆議院議員八期、衆議院農林水産委員長、全国畜産連会長。「馬代議士」と称された）
・りんごの生産、二、七三〇万箱

昭和31年

・県内の馬頭数三万五、三八二頭、飼育農家戸数三万三、二九五戸

昭和32年（1957）

▽1・30　群馬県で米兵による農民射殺事件発生
▽2・25　岸信介内閣成立
▽2月　インフルエンザ、全県に蔓延。患者一〇万余（5月に再発）
▽4・7　八戸出身の羽仁もと子没（83歳）。明治6年八戸長岡家の生まれ、上京、いろいろな職場を経、大正10年「自由学園」を創設。八戸の千葉学園の千葉タミは実妹、羽仁五郎は娘婿
▽4・28　陸上自衛隊、浪館本部（青森市）の開庁式
▽5・26　ソ連、大陸間弾道兵器の実験に成功
▽6・16　岸首相訪米、「日米安保条約」のこと
▽8・19　りんご園薬剤散布のスピードスプレヤー、弘前で初実験
▽9・26　青森港へ戦後初のソ連船入港
▽12・6　日ソ通商条約、東京で調印

昭和

昭和32年（1957）

この年
・和田山蘭没（明治15年北郡松島村〈五所川原〉生まれ、歌人・書家。「雨晴書道会」創立）
・県産りんご輸出七八万箱（戦後最高）
・県の次年度当初予算一三二億九千万円
・県内農家の農機具所有状況
小型トラクター　四、〇三七戸　四、〇七三台
動力脱穀機　二一、四〇五戸　二、一四六二台
動力噴霧機　一〇、九七八戸　一一、〇七七台

昭和33年（1958）

▽1・26　大相撲初場所で大関若乃花、二回目の優勝（横綱に）
▽2・1　青森電話局、料金を度数制に切り替え
▽2・16　宮城県・鳴子での第七回全国高校スキー大会で東奥義塾初優勝
▽2・28　浅虫・大鰐の赤線地帯閉鎖（売春禁止法による）
▽3・14　ラジオ青森など三四局にテレビ予備免許

昭和33年（1958）

▽5・22　総選挙。本県の当選者＝一区三浦一雄（自民）、夏堀源三郎（自民）、淡谷悠蔵（社会）、津島文治（無所属）。二区三和精一（自民）、竹内俊吉（自民）、島口重次郎（社会）
▽6・12　第二次岸内閣、農相に三浦一雄（五戸町）
▽8・10　豪雨で津軽地方に水害。死者六名、流失家屋九七、水田・りんご園冠水
▽9・1　大三沢町が三沢市に、浦野舘村が上北町に
▽11月　南津軽郡田舎館村垂柳の遺跡発掘（二〇〇粒の焼米出土）
▽12・1　日銀、一万円札発行
▽12・23　東京タワー、完工式
この年
・浅田良逸没（明治12年弘前市笹森家の生まれ、東奥義塾長、陸軍中将、男爵）
・県内の米生産量、三四万七千トン

昭和34年（1959）

▽1・14　原子力研究所、国産第一号の原子炉起工
▽2・14　大鰐で第三七回全日本スキー大会。青森林友、リレーで優勝
▽3・9　社会党委員長浅沼稲次郎、北京で「米帝国主義は日中共同の敵」と演説
▽4・10　皇太子と正田美智子さんの結婚式
▽4・15　最低賃金法公布
▽4・16　国民年金法公布
▽6・15　三沢市、谷地頭の四八二ヘクタール開田、田植え
▽7・21　西郡木造町、町長選の派閥争いで消防団員の大量首切り
▽7・23　県統計課、4月1日現在の県内人口一四三万六、四八〇人と発表
▽8・5　名古屋での全国高校卓球大会で、弘前商業の小中健優勝
▽8・19　第一四回全日本軟式野球大会で、八戸の合同酒精優勝
▽9・2　ソ連大使館、小児麻痺のワクチン二万人分を八戸市へ贈与（岩渕謙一の要請で）
▽9・14　ラジオ青森、テレビの放映開始
▽9・16　八戸の村上しゅら、角川俳句賞受賞
▽9・26　伊勢湾台風。中部地方で死者五、〇四一名
▽10・20　十和田ガス会社設立
▽10・31　国体の卓球一般男子で本県四連勝、ボクシング初優勝
▽11・27　日米安保阻止統一行動の国会請願デモ隊三万人、国会構内に入る（東大の女子学生一人死亡）

この年

・苫米地義三没（明治13年上北郡藤坂生まれ、肥料など各会社の社長。戦後衆議院議員に。片山内閣の運輸大臣、芦田内閣の官房長官。サンフランシスコ日米講和条約締結の際、吉田首相と共にサイン。弟四楼は陸軍少将）
・富樫鉄之助没（明治10年山形県生まれ、明治16年、北海道から斗南ヶ丘へ移住。集団酪農

昭和34年（1959）

を作り上げたリーダー）

・岩渕謙一没（明治29年生まれ、弘前藩士出身で車力村医の子。父に継いで同村医。弟謙二郎と共に農民組合運動を指導。昭和2年、同村から八戸へ転住、「無産者実費診療所」を営む）

・加藤謙一没（明治29年弘前市生まれ、講談社の「少年倶楽部」編集長。発行部数最高（昭和7年）六五万部。佐藤紅緑「あゝ玉杯に花うけて」や田川水泡の漫画「のらくろ」が大当たり）

・物価、賃金（青森市）

公務員の初任給	一〇、六八〇円
醤油一升	一七六円
新聞（月）	三九〇円
地下足袋	三〇〇円
牛乳一本	一五円
カレーライス	一一〇円
食パン（四〇〇グラム）	三一円

昭和34年（1959）

ゴム長靴	六六〇円
自転車	二万円
木炭一俵	四〇〇円
中学男子制服	二、二〇〇円
バス代（一区間）	一〇円
豆腐一丁	一五円

昭和35年（1960）

▽1月　県産りんご、貨車不足のため越年量一四六万箱（これまでの最高。特に五能線沿線の滞貨大）

▽2・23　皇太子妃、男子御出生

▽3・20　大相撲、史上初の全勝同士の横綱決戦。栃錦対若乃花、若乃花勝つ（八回目の優勝）

▽5・20　首相官邸に全学連主流派乱入（安保条約問題）

▽7・5　大湊田名部市、むつ市と決定（全国初のひらかな市名）

▽7・19　第一次池田内閣成立。厚相に中山マサ

▽8・1　東京・山谷のドヤ街の住人三千人暴動

昭和35年（1960）

▽8・3　豪雨により大鰐、碇ケ関の水害。被害家屋五、四〇〇余戸
▽8・4　十和田市と北郡鶴田町でヘリコプターによる薬剤散布（イモチ病防除）
▽8月　大和ハウス、プレハブ住宅完成（以後プレハブ建築盛んになる）
▽9・7　池田首相、記者会見で一〇年間に農民を三分の一減らすと表明
▽9・10　NHK、日本テレビ、カラーテレビの放映開始
▽10・1　国勢調査。総人口九、三四一万人
▽11・2　県、不振農協六七組合に解散命令
▽11・16　国連総会で田中耕太郎が国際司法判事に当選
▽11・20　総選挙。本県当選者＝一区淡谷悠蔵（社会）、三浦一雄（自民）、津島文治（自民）、森田重次郎（自民）。二区田沢吉郎（自民）、三和精一（自民）、竹内俊吉（自民）
▽11・29　弘前市立図書館新築落成

昭和35年（1960）

▽12・10　上野―青森間特急列車「はつかり」ディーゼル化

この年
・山内亮没（明治19年三戸郡是川村の生まれ、昭和初期衆議院議員。戦時中八戸市長、戦後、県農協中央会会長兼経済連会長）
・平山為之助没（明治7年生まれ、五所川原の大地主。衆議院議員、五所川原銀行頭取、川部―五所川原間の鉄道の三代目社長）
・電気冷蔵庫、インスタントラーメン普及
・県内に赤痢多発、一、一二七名
・巡査の初任給（東京）九、二〇〇円
・県内の農家数　一二一、五九三戸
　総世帯数のうち　四四％
　専業農家　四六、八二六戸
　兼業農家　七四、七六七戸

昭和36年（1961）

▽1・22　県庁落成式
▽2・7　知事、県の三六年度予算案査定。一六八億五、九一〇万円
▽2・11　第一六回国体スキー大会一五キロで、弘前高校の成田忠義優勝
▽2・19　日本医師会・歯科医師会、医療費値上げ要求で全国一斉一日休診
▽3・20　金木町議会、町長退陣決議、津島町長拒否
▽3・26　水戸での第二回全国少年剣道大会で、南部町向少年チーム優勝
▽4・1　国の本年度予算案成立、一兆九、五二七億円
▽4・28　沖縄で祖国復帰県民総決起大会。二万人参加
▽6・12　農業基本法公布
▽8・1　大阪の釜ケ崎で群衆約二千名暴動
▽8月　フジ製糖六戸工場落成（原料はビート）

昭和36年（1961）

▽10・12　天皇・皇后、十和田湖を御遊覧
▽10・15　ヨーロッパ遠征の日紡貝塚女子バレーチーム、二四戦無敗で帰国
▽11・1　国立国会図書館開館
この年
・山田きみ没（明治21年青森市生まれ、青森山田高校の創立者）

昭和37年（1962）

▽5・15　上北町栄沼で、ヘリコプターによる水田への播種行われる
▽5・20　大相撲夏場所で関脇栃ノ海（田舎館村出身）初優勝、大関に昇進
▽10・21　青森で陸上自衛隊第九師団創隊式
▽10・26　第一七回国体（岡山）で、本県ボクシング優勝、高校相撲優勝
▽10・27　南部縦貫鉄道、七戸―野辺地間開通
▽12・3　八戸魚市場、水揚高五〇億突破（開設以来最高）
▽12・19　奥羽本線、新大釈迦トンネル貫通

昭和37年（1962）

▽12・21　青森統計事務所、県内水陸稲生産三八万三、五三六トン（史上最高）と発表

この年

・夏堀源三郎没（明治20年三戸郡福地村生まれ、八戸で漁港整備に尽力。魚市場の社長。衆議院議員六期、大蔵委員長も務める）

・秋田雨雀没（明治16年黒石市生まれ、本名徳三。劇作家、社会運動家。県立一中（弘前）―早大英文科卒。昭和2年、ソ連革命記念祭に招かれ、同郷の鳴海完造と訪ソ。戦後一時、新城の淡谷悠蔵家に寄宿し、その後上京）

・本県の畑作物（年産）

ひえ　一二、一七九トン

とうもろこし（乾）　一三、〇四一トン

馬鈴薯　一一三、四四五トン

なたね　二九、四〇六トン

・本県の農村から京浜方面への出稼ぎ多くなる

・灯油の使用が増え、木炭の生産急減

・米の容器が俵から紙袋になり、叺《かます》の生産急減

昭和38年（1963）

▽1・18　政府、砂糖の輸入自由化決定

▽2・4　弘前の白藤商店、ソ連へりんご輸出（戦後初）

▽2・28　竹内俊吉、知事に当選

▽7・28　全国高校相撲大会で、五所川原農高初優勝

▽9・14　青森明の星短大開学式

▽10・13　紅葉の十和田湖畔、六、八〇〇台の車で埋まる。交通麻痺

▽11・8　強風でりんご六三万箱落果

▽11・18　八戸港にイカ二六九万トン水揚げ（開港以来の新記録）

▽11・21　衆議院選。本県選挙区＝一区森田重次郎（自民）、熊谷義雄（自民）、米内山義一郎（社会）、淡谷悠蔵（社会）。二区竹内黎一（無）、島口重次郎（社会）、田沢吉郎（自民）

▽11・29　棟方志功の作品室、岡山県倉敷の大原美術館に完成

昭和38年（1963）

この年
・田辺助友没（明治23年青森市旧荒川村の生まれ、陸軍中将。昭和17年、南方戦線ガダルカナルへの輸送作戦を指揮）
・国会議員報酬（月額）一八万円

昭和39年（1964）

▽2・1 栃ノ海（田舎館村出身）横綱に昇進
▽3・3 八戸新産都市発足
▽6・16 新潟地震。死者二六名、全壊・全焼家屋二、二五〇戸、原油タンク一五日間燃え続ける
▽8・20 青函トンネル、三厩で着工
▽9・17 東京モノレール、浜松町—羽田空港間開業
▽10・1 国鉄、東海道新幹線開業
▽10・10 第一八回東京オリンピック大会開会。参加国九四
▽11・17 公明党結成
▽12・14 南津軽郡の常盤養鶏農協、県内初の一〇万羽飼育達成

昭和39年（1964）

▽12・25 農林省、本県稲作三九万二千トン、史上最高と発表
この年
・島善鄰《よしちか》没（明治22年岩手県生まれ、若いとき本県のりんご試験場の主任技師。のちに北海道大学学長）
・山崎岩男没（明治34年北海道生まれ、旧制八戸中学—中央大学。箱根駅伝の選手。大湊町長—県議。戦後衆議院議員、知事）
・三上剛太郎没（明治2年佐井村生まれ。日露戦争黒溝台の戦闘中、三角巾と赤毛布で手製の赤十字旗を作り、負傷兵を守った。日露の両軍兵を救った人）
・弘前に津軽書房創業
・わが国の農産物輸入自由化率九三％に
・物価、賃金（東京）

国家公務員初任給	大卒	一九、一〇〇円
	高卒	一四、一〇〇円
ラーメン（一杯）		七〇円

昭和39年

醤油（一升）　一三九円
白米（一〇キロ）　九五〇円
小麦粉（一〇キロ）　五七〇円

昭和40年（1965）

▽3・29　民放大会ラジオ番組で、青森放送の「北のひこばえ」一位
▽4月　高校進学率、全国平均七〇%を超える。本県、最低の五四・三%
▽8・1　八戸高校、三五年ぶりで甲子園野球大会に出場決定
▽8・13　佐藤首相、沖縄訪問（戦後初の首相訪問）
▽10・21　朝永振一郎、ノーベル物理学賞受賞
▽11・27　全国学力テストで本県小学校は中位、中学校は最下位グループ
▽12・28　皇居での歌会始の詠進歌に八戸の山根勢五入選

この年
・上原げんと没（本名・上原治左衛門、大正3年木造町生まれ、のち黒石へ転住、上京し作曲家となる。ヒット曲は、岡晴夫の「東京の花売娘」美空ひばりの「港町十三番地」、島倉千代子の「逢いたいなアあの人に」など）
・工藤忠没（明治15年板柳町生まれ、アジア主義者の大陸活動家。満州国溥儀の侍衛長、「忠」の名前は溥儀から貰い改名）
・三浦一雄《くにお》没（明治28年五戸町生まれ、東大法卒〈岸信介と同期〉。昭和16年農林次官、33年岸内閣の農相）
・大学（四年制・短大）の学生数一〇〇万人を突破
・大工の賃金（東京）一日二千円
・新聞代（月）五八〇円
・奈良岡正夫（弘前市出身、画家）日展審査員となる。娘奈良岡朋子、第一二回ホワイト・ブロンズ助演女優賞受賞。

昭和41年(1966)

▽1・11　三沢市大火。三九九戸焼失
▽3・31　住民登録集計。国内人口一億突破
▽4・4　NHKテレビ「おはなはん」平均視聴率五〇%突破。5月17日、ロケ隊弘前へも(女優樫山文枝など)
▽4・19　十和田市に北里大学畜産学部設置
▽5・2　沢田教一(青森市出身)、世界報道写真展で第一位
▽7・4　新国際空港に千葉県成田市決定
▽8・13　集中豪雨で平川氾濫。奥羽本線一週間不通
▽11・27　佐藤博治(青森市)、卓球日本選手権大会三五歳以上の部で優勝
▽12・13　県、本県の出稼ぎ実態調査。年に五万四千人と発表
▽12・16　青森放送の「四季」、芸術祭音楽部門に入賞
この年
・丙午《ひのえうま》で出生率、前年比二五%減

昭和42年(1967)

▽1・29　衆議院選挙。本県当選者＝一区森田重次郎(自民)、熊谷義雄(自民)、淡谷悠蔵(社会)、米内山義一郎(社会)。二区田沢吉郎(自民)、竹内黎一(自民)、島口重次郎(社会)
▽2・11　初の「建国記念日」
▽4・28　青森市長に社会党推薦の奈良岡末造当選
▽7・3　県産りんご、東京市場で一箱八〇〇円台を割る暴落
▽8・20　元首相吉田茂没(89)、10月31日、国葬
▽11・6　宮川翠雨(青森市)、日展書道展で東北初の菊華賞受賞(翌年、日展審査員に)
▽11・9　十和田湖の境界問題、青森県六、秋田県四の割で協定
▽12・18　寺山修司の放送劇「まんだら」、芸術祭賞受賞
この年
・ミニスカート流行

昭和43年（1968）

▽1・13　大蔵省、前年度末の外貨準備高二〇億ドルに回復と発表

▽3・2　国鉄動力車労組、「3・2スト」。本県関係七一本運休、大混乱

▽3・17　衆議院議員・島口重次郎（社会）死去（明治45年弘前市生まれ、56歳）

▽5・5　上北郡天間林村と青森市境界の天間ダム完工式

▽6・15　東京の反代々木系学生、東大の安田講堂に乱入。大河内総長、機動隊導入を要請して排除

▽9・30　西郡木造町筒木坂小学校のPTA（代表三橋彪一郎）、「学校給食は米食を」と学校へのパン運搬車を追い返す

▽10・1　東北本線複線・電化開業（青森市内では南方に移転、浦町駅・浪打駅廃止）

▽10・23　政府、「明治百年」記念式典開催（11月1日、恩赦決定）

▽12・10　川端康成、ノーベル文学賞受賞

昭和43年（1968）

▽12・31　八戸港の水揚げ高四三万四千トン（三年連続日本一）

この年

・盛田喜平治没（一二代目。明治23年七戸町生まれ、酒造業、呉服業、牧畜業。昭和32年、同牧場産の競走馬ヒカルメイジ、昭和34年、コマツヒカリ、日本ダービー優勝）

・鉄道運賃、上野―青森間二、〇六〇円天丼一杯二五〇円（東京）

昭和44年（1969）

▽1・18　警視庁、八、五〇〇名の警官を動員して東大封鎖を解除、多数の負傷者出る

▽3・3　国立大学一期校、機動隊警戒の下で入試実施。京大、九大などで学生と衝突

▽4・1　大鰐町からの出稼ぎ者八人、東京・荒川放水路の工事で事故死

▽4・20　東奥日報社、創刊八〇周年記念事業として「青森県人名大事典」刊行

▽4・29　十三湖干拓工事の完工式

昭和44年（1969）

▽5・20　東北女子大学（弘前）開学式
▽5・26　東名高速道路全線開通
▽5月　前年産のりんご売れず、生産者が山や川へ捨てる（主に国光、紅玉）
▽8・18　第五一回全国高校野球大会（甲子園）、決勝戦で三沢高校対松山商業（愛媛）、延長一八回で引き分け。翌日再試合で惜敗、投手は連続太田幸司
▽9・27　弘前大学、六七九人の警察官を導入し学生の大学本部封鎖を解除
▽9月　西郡柏村小学校、学校給食に米食実施（県内初）
▽10・1　青森市民文化センター落成式
▽10・27　第二四回国体ボクシング、本県三連勝（通算五回）、高校相撲優勝
▽11月　弘前メンネルコール、全日本合唱コンクールで最優秀賞
▽12・1　青森テレビ本放送開始
▽12・7　第一八回全日本相撲大会で田中（木造高校出）優勝
▽12・27　衆議院選。本県当選者＝一区熊谷義雄（自民）、中村拓道（無）、森田重次郎（自民）、古寺宏（公明）。二区田沢吉郎（自民）、津川武一（共産）、竹内黎一（自民）。社会党、現職一区で共倒れ、共産党、東北最初の当選

この年
・宇野要三郎没（明治11年南郡六郷村生まれ、弘前中学―仙台二高―京都帝大卒。裁判官となり、東京地裁所長を経て、大審院刑事部長に）

昭和45年（1970）

▽1月　八戸小学校、全国美術展で学校賞受賞
▽3・15　「大阪万博」始まる。八九カ国参加
▽5月　三浦雄一郎、エベレスト滑降に成功
▽10・1　国勢調査。本県人口一四二万七、四三〇人
▽10・11　岩手国体で、本県高校相撲二連勝
▽10・28　岩木川下流の「津軽大橋」（北郡中里

昭和45年（1970）

町長泥―西郡車力村富萢）完成。県内最長（五三〇メートル）

▽11・3　棟方志功、文化勲章受章

▽11・11　下北の猿、天然記念物に指定

▽12・7　郵便百年記念児童版画コンクールで、西郡柏村第一小学校五年生・葛西勝彦、郵政大臣賞。切手の図案に採用される

▽12・10　青森市に気象台開設以来の大雪。積雪八八センチ

この年

・沢田教一没（昭和11年青森市寺町〈本町〉生まれ、報道カメラマン。ベトナム戦争の現地を撮影、ピュリツアー賞受賞）

・蛯名武五郎没（大正7年上北郡浦野舘村生まれ、競馬騎手。通算八六四勝（当時歴代一位）

・藤田尚徳《ひさのり》没（明治13年生まれ、弘前藩士。海軍大将、終戦時の侍従長で「玉音放送」に立ち会う）

・物価

醤油一升	三〇〇円
豆腐一丁（東京）	三五円
自転車一台	二万八千円
大工賃金一日（東京）	三、五〇〇円
総理大臣の給料（月）	六六万六千円

・県内営林署の日雇労賃

昭和25年	二四一円
昭和30年	四三四円
昭和45年	二、八四〇円

（青森営林局資料）

昭和46年（1971）

▽1・23　八戸で第二六回国体冬季大会。スケート競技高校男子五千メートルで中田敏彦（八工高）、一般男子一五〇〇メートルで田中信明優勝

▽1・27　八戸湊中学科学部、「ウミネコの研究」で第一四回日本学生科学賞一等賞受賞

▽1・31　アメリカ、アポロ一四号の打上げに成功。人類初めて月面に到達

▽2・3　第二〇回全国高校スキー大会、総合で弘前実業高校初優勝

昭和46年(1971)

▽2・19　第二六回国体スキー大会、少年の部一五キロで木田昭二(弘前実業)高校大会に続き優勝

▽5・18　佐藤首相、閣議でむつ小川原開発は国策として促進すると指示

▽6・2　岩木山神社の本殿など国の重要文化財に指定

▽6・17　沖縄返還協定調印式。琉球政府の屋良主席は出席を辞退

▽8・6　弘前で三九・二度の高温。全国史上四番目

▽8・26　政府、為替の変動相場制移行を決定

この年

・佐藤尚武没(明治15年生まれ、弘前藩士、旧姓田中。フランス・イタリア・ソ連大使。昭和11年の林内閣で外相〈本県初の大臣〉)

・松木満史没(明治39年木造町生まれ、洋画家)

・陸奥明没(明治28年三本木町生まれ、本名・菅原陸奥人《むつと》。作曲家で、菅原都々子《つづこ》の父。ヒット曲「月がとっても青いから」)

・水木淳一没(明治26年旧蔵館村〈大鰐町〉生まれ、県りんご試分場長、村長、剪定の指導者)

・県内小学校数　五八五
　児童数　一六、〇三一人
　中学校数　二七六
　生徒数　八六、一六八人
　医師数　一、九三九人
　県内人口　一、四二四、二七七人

昭和47年(1972)

▽2・2　グアム島に生き残っていた元日本兵横井正一(陸軍、56歳)「恥ずかしながら」と帰国

▽2・3　札幌での冬季オリンピック始まる。日本の笠谷幸生、七〇メートル級ジャンプで優勝

▽2・19　「連合赤軍」の坂東国男、人質と共に浅間山荘に籠城。2月28日、警察機動隊突入。警察官動員のベ一万二、九七九人。テレビ連続中継、視聴率九〇%。3月13日まで連合赤軍の

昭和47年（1972）

リンチで殺された人一二人（現地で死体発掘）

▽3・17　全国農協中央会とNHK主催の第一回「日本農業賞」個人の部で、本県の斉藤昌美（弘前）最優秀賞受賞

▽3・30　全国購買農協連と全国販売農協連合併。全国農協連（全農）発足

▽3月　食糧庁、各県産米を五段階に分けて評価。本県産米は北海道と共に最下位の5

▽4・1　米、物価統制令適用外となる（公定小売価格から除外）

▽4・16　作家・川端康成自殺（72歳）

▽5・15　沖縄、アメリカから返還。沖縄県復活

▽6・10　県、副知事二人制に（北村正哉のほか大蔵省から一人）

▽7・16　初めての外人力士高見山、名古屋場所で優勝

▽7月　りんご放任園から黒星病発生（一六〇ヘクタール）

▽8・31　ダイエーの売上高、三越を抜き第一位

昭和47年（1972）

に

▽9・2　田中首相、周恩来の招きで中国訪問（9月29日、日中共同声明発表、国交正常化）

▽12・2　国鉄・五能線の機関車、追良瀬付近で高波に遭い転落。一〇八日間不通となる

▽12・17　中央競馬、有馬記念の売上げが初めて一〇〇億円突破

この年

・阿部合成没（明治43年浪岡町生まれ、洋画家。反戦画「見送る人々」〈二科展特選〉が有名。青森中学では、太宰治・米内山義一郎と同期）

・「列島改造」ブーム。四六年度長者番付上位一〇〇人中、九五人が土地成金

・ミカン大豊作（三七五万トン）で価格大暴落

・県内の水稲反収（平均）五八一キロ。二年連続全国一。品種六四%がレイメイ

昭和48年（1973）

▽2・14　外国為替、変動相場制移行実施（円対ドル相場）
▽3・17　国鉄、動労のストライキで大混乱。貨車など四千本止まる
▽3・29　南ベトナム駐留の米軍、撤退完了
▽4・12　国民の祝祭日、振替休日決まる
▽5・16　中央競馬のハイセイコー、一〇戦連勝
▽6・4　六ヶ所村でむつ小川原開発推進に抵抗している寺下力三郎村長の解職請求住民投票。解職反対三、二〇〇票、賛成二、七二二票
▽7・2　アメリカ、大豆の対日輸出既契約分の五〇％削減を一方的に発表。豆腐、食用油など価格高騰
▽7・7　長部日出雄（弘前市出身）、直木賞受賞
▽9・1　青森市に県内最初の有料駐車場できる
▽10・17　ペルシャ湾六カ国、石油価格を二一％引き上げると宣言。日本国内に「石油危機」発生、石油・電力関連品価格高騰。テレビの放映時間短縮

昭和48年（1973）

この年
・野村七録没（明治26年野辺地町生まれ、東北大教授、浅虫臨海実験所長）
・井沼清七没（明治40年中里町出身、本県初のオリンピック選手〈昭和3年アムステルダム〉、旧制弘中―早大―松坂屋大阪店支配人）
・津島文治（初代民選知事）死去

昭和49年（1974）

▽1・11　閣議、石油・電力消費削減のため、広告塔の点灯禁止など決定
▽2・24　洗剤パニックで花王・ライオン系の問屋、立入検査をうける
▽2・25　衆院予算委員会、石油・洗剤・家電大手企業の社長等二三人をよび、便乗値上げを追及
▽4・7　京都府知事、蜷川《にながわ》虎三（革新）七選
▽6・24　五所川原・黒石・木造・蓬田の農協青年部、米価要求の関連で農協倉庫からの出庫拒否。倉庫前に坐り込み混乱

昭和49年(1974)

▽7・22　四九年産米価、一俵(六〇キロ)一三、六一五円、臨時稲作奨励金四〇〇円、銘柄米加算一四一円、前年比三七・四%アップ。この年から石当たり(一五〇キロ)から一俵当たり(六〇キロ)となる

▽7・24　北の湖、横綱に昇進。二一歳二カ月史上最年少

▽10・10　立花隆、「文芸春秋」に「田中角栄研究—その金脈と人脈」発表(田中角栄退陣の口火となる)

▽10・21　農林省、今春の新卒就農者、前年の二二%減と発表

▽11・25　青森銀行本店、ガードマンに現金九千万円盗まれる

この年

・成田雲竹没(明治21年森田村生まれ、民謡歌手。本名武蔵、若いときは巡査)

・横山実没(明治36年青森市生まれ、師範学校卒の教師。青森市助役から戦後市長に)

昭和49年(1974)

・県内の農家戸数一〇九、八七二戸(うち専業一〇%、第二種兼業五九%)

・長イモ作付面積、全国一位になる

・食糧庁、四二—四五年産の古米七四〇万トン処理(うち輸出三一〇万トン、工業用八四万トン、飼料用三四六万トン。食管会計の負担約一兆円)

・小麦価格二四%上昇(狂乱物価)

・テレビの輸出、生産台数の五〇%を超える

・全国の高校進学率　九一%
　高卒の就職率　四八%
　中卒の就職率　八%

・大学紛争　死者　一一人
　負傷者　六〇五人
　逮捕　四二三人

昭和50年（1975）

▽2・1　農林省、農業センサス実施。農家戸数四九五万戸、専業農家一二%、農家人口二、三一九万人（全人口の二一%）
▽2・25　県の五〇年度予算案一、九八一億円（前年比二七・五%増）
▽4・13　都道府県知事選。東京都・美濃部亮吉（革新系、三選）、大阪・黒田了一（共産推薦）、神奈川・長州一二（革新系）当選
▽4・27　中里町長選の開票に警官一〇〇人出動（7月6日までに一九人逮捕）
▽4・30　サイゴン陥落（ベトナム戦争終結）
▽5・7　イギリスのエリザベス女王来日
▽6・3　佐藤栄作没（74歳）
▽7・17　県の上級職員採用試験に空前の五三倍応募
▽8・6　岩木町百沢の「鉄砲水」、死者二二人
▽8・15　三木首相、終戦記念日に首相として初めて靖国神社参拝
▽9・13　棟方志功死去（72歳）。明治36年青森市生まれ、版画家、日展審査員。国際版画大賞受賞、文化勲章受章
▽9・30　天皇・皇后両陛下、初の訪米
▽10・31　天皇・皇后両陛下、初めてテレビを前に記者会見
▽12・14　国鉄の蒸気機関車（客車）の最後、室蘭―岩見沢間走行

この年
・山内佐四郎没（明治35年柏村生まれ、木造町長、県農業会長。父は貴族院議員を務めた佐五兵衛）

昭和50年（1975）

県内市町村の農業所得順位

	一戸当たり	10アール当たり
1	浪岡町	南部町
2	森田村	弘前市
3	南郷村	藤崎町
4	三戸町	浪岡町
5	木造町	大鰐町
6	稲垣村	板柳町
7	弘前市	相馬村
8	碇ヶ関村	黒石市
9	板柳町	鶴田町
10	鶴田町	尾上町

（農水省　青森統計事務所調）

昭和50年（1975）

・加藤謙一没（明治29年弘前市生まれ、講談社の雑誌「少年倶楽部」の名編集長）
・県内産りんご販売額六九四億円（これまでの最高）
・県内水稲作付品種、レイメイ七一％
・世界の人口三九億六、七〇〇万人
・乗用車の対米輸出八〇万台（外国に輸出される車の五〇％を越す）

昭和51年（1976）

▽1・6　京都・平安神宮の宮殿全焼（過激派の放火）
▽1・8　中国の周恩来首相死去（78歳）
▽1・20　宅急便のヤマト運輸営業開始。最初の荷物はわずか二個
▽1・22　政府、五一年度の予算案を国会へ提出。戦後初の赤字国債を当初予算に。国債発行高七兆二、七五〇億円、予算の三〇％
▽1・31　鹿児島で五つ子出産、国内最初（男児二人、女児三人）

昭和51年（1976）

▽2・16　衆院予算委員会、ロッキード事件（航空機購入）で国際興業社主の小佐野賢治、全日空社長の若佐得治などを証人喚問。翌日、丸紅の松山、大久保、伊藤等も。児玉誉志夫は病気を理由に不出頭
▽3・2　北海道庁のロビーで時限爆弾爆発。死者二人、負傷者九五人。「東アジア反日武装戦線」の犯行
▽7・27　東京地検、ロッキード事件で田中角栄前首相を逮捕
▽7月　モントリオールオリンピックで日本の体操男子（加藤、塚原、監物）五連覇。女子バレー（飯田、白井、松田等）一位奪回
▽9・9　中国共産党党首・毛沢東死去（82歳）
▽9・27　八戸市・新井田川河口の「八戸大橋」開通。一、二三三メートル、東北一
▽10・1　みちのく銀行発足（弘前相互銀行と青和銀行の合併。頭取唐牛敏世）
▽10・21　台風により県内のりんご落果。約三〇

昭和51年(1976)

○万箱

▽10・22　中国「反毛沢東」勢力により、文革派の江青(毛沢東夫人)、王洪文副主席、張春橋副首相等四人を逮捕

▽11・6　国鉄運賃、大幅値上げ。旅客五〇%、貨物五四%

▽11・10　天皇在位五〇年記念式典。美濃部(東京)、畑(京都)、長州(神奈川)の三知事欠席

▽12・5　衆院選挙。本県一区=古寺宏(公明)、熊谷義雄(自)、津島雄二(自)、竹中修一(自)。二区=田沢吉郎(自)、竹内黎一(自)、津川武一(共)。社会党ゼロとなる

▽12・24　田沢吉郎、福田内閣の国土庁長官に。本県から一八年ぶりの大臣

この年

・笹森順造没(アメリカ・デンバー大学大学院修了、東奥義塾長一八年、青山学院長、片山内閣の国務大臣)

・県内の畜産額五一二億円(初めて五〇〇億円

昭和51年(1976)

を超える)

・田子町のニンニク、「全国一」の銘柄に

・国産小麦二二万トン、大豆一一万トンに減少(輸入増加による)

・全国の幼稚園・保育所に五歳児の九〇%が通う

・「泳げ、たいやきくん」「岸壁の母」流行

昭和52年(1977)

▽2・15　北海道幌内町で零下四〇・八度を記録

▽3・12　日銀、公定歩合を〇・五%下げ六%に

▽4・5　第三四回世界卓球選手権大会・男子シングルスで、河野満(十和田市)優勝

▽4・29　山下泰裕(東海大学、19歳)、全日本柔道選手権大会で優勝(史上最年少)

▽6・9　八戸港に五万トン岸壁完成

▽7・21　政府、生産者米価を一俵(六〇キロ)一七、二三二円と決定(奨励金を含めると実質四六%引上げ)

▽8・7　北海道の有珠山噴火。洞爺湖温泉に避

難命令
▽8・11　日立造船、五〇万八、七三一トンのタンカー完成（わが国最大）
▽9・3　王貞治、七五六本の本塁打。国民栄誉賞第一号（この後、八六八本に）
▽9・29　日航機、ボンベイで日本赤軍にハイジャック
▽10・2　天皇陛下を迎え、本県で「あすなろ国体」開催
▽11・6　青森競輪、今年の最終日。年間売上げ二七一億円の新記録
この年
・奈良光枝没（大正12年弘前市生まれ、歌手・女優。「赤い靴のタンゴ」などヒット）
・女優・田中絹代没（67歳）
・「カラオケ」流行（始まりは大阪）
・流行歌「津軽海峡・冬景色」（石川さゆり）ヒット

昭和53年（1978）

▽1・4　円ドル相場、一ドル二三七円
▽1・14　日本共産党、袴田里見前副委員長（下田町出身）を除名処分
▽2・9　宗茂（旭化成）、別府マラソンで優勝。二時間九分五秒（世界記録二位）
▽2・15　三戸地方で零下二〇度
▽3・26　三里塚成田空港反対同盟の鎮圧に、警官一万三千人出動。火炎車二台突入、逮捕者一一五人
▽4・12　中国漁船一〇八隻、尖閣諸島で示威行動
▽5・20　成田国際空港開港。着工以来一二年、工費六千億円
▽5・22　若三杉（大鰐町）、横綱になる
▽6・12　仙台付近で地震。死者二七人
▽7・5　農林省、農林水産省と改称
▽8・12　北京で日中平和条約調印
▽10・17　靖国神社、東条英機等一四人のA級戦犯合祀

昭和53年（1978）

この年

・林柾次郎没（明治31年五所川原生まれ、東奥日報編集局長、「青森農業」一八年間編集長。五農高スキー部応援歌「シーハイル」作詞者）

・長谷川才次没（明治36年青森生まれ、東大法卒。時事通信社長）

・山本省一没（大正3年田名部町生まれ、東奥日報社長。県農政審議会長）

・全国の国家公務員採用試験（大卒）倍率四二・七倍

・本県の水稲反収（一〇アール当たり）六一四キロ（全国史上最高）

昭和54年（1979）

▽1・13　国公立大学の入試、共通一次試験初めて実施（県内、弘前・八戸の二会場）

▽1・25　上越新幹線の大清水トンネル貫通（二二、二二八メートル、世界最長の山岳トンネル）

▽2・4　県知事に北村正哉（副知事）当選

昭和54年（1979）

▽3・31　専売公社、刻みたばこの生産中止

▽4・6　政府、古米約六五〇万トンの処理決定

▽5・4　イギリスの首相に女性のサッチャー

▽5・12　本州四国連絡橋、尾道―今治ルート開通

▽8・25　北郡中里町、減反違反の稲作農家に対し水稲の青刈り実施を勧告

▽9・27　東北縦貫高速自動車道路、青森―大鰐間開通

▽10・7　衆院選、本県田名部匡省、関晴正初当選。全国＝自民二四八、社会一〇七、公明六七、共産三九（倍増）、民社三五、新自ク七四、社民二、無所属一九

▽10・20　台風による本県のりんご落果、二六〇万箱

▽10・26　韓国の朴大統領暗殺される

▽11・18　東京で第一回国際女子マラソン開催

▽12・27　アフガニスタンでクーデター。ソ連が介入し米ソ対立

昭和54年（1979）

この年
- ・唐牛敏世没（明治12年黒石生まれ、大正13年、弘前に無尽会社設立、社長。弘前相互銀行頭取に。この時97歳）
- ・木田林松栄没（明治44年平賀生まれ、津軽三味線奏者。昭和50年、芸術祭で文部大臣賞）
- ・「外食産業」の売上げ、一三兆円
- ・牛丼の吉野家、売上げ二二二億円
- ・家庭の電子レンジ普及率三〇％超える
- ・石油価格、春から秋までに二倍へ
- ・県内のニンニク作付面積九八四ヘクタールに

昭和55年（1980）

▽1・4　アメリカ大統領カーター、ソ連のアフガニスタン侵攻の報復措置として対ソ穀物輸出（契約済）の大幅削減を発表

▽1・31　国鉄新幹線の青森駅問題、石江案で合意（青森市が奈良岡市長から工藤市長に代わって）

▽2・1　農水省農業センサス。農家戸数、五年

昭和55年（1980）

間で六％減、農業就業人口一二％減

▽3・21　通産省、電力料金五〇％、ガス料金四五％アップを認可

▽4・25　政府、モスクワでのオリンピック不参加を決定（アメリカ、西独、中国も）

▽5・1　県内の長者番付、上位二〇人中に医師一六人

▽8月　東京の気温、七八年ぶりの冷夏

▽9月　東北・北海道の冷害に関し「週刊新潮」は「米は余っているので冷害は天祐」と特集

▽10・7　県、皆無作でも稲刈りを励行させるため一〇アール当たり二千円を助成

▽10月　本県の大学進学率一九・四％。全国最低

▽11・13　みちのく有料道路（青森市―天間林村）開通

▽11・26　郵便、封書五〇円から六〇円に

この年
- ・三国慶一没（明治32年弘前市生まれ、東京美術学校卒の彫刻家。帝展審査員）

昭和56年（1981）

▽1・17　大関貴ノ花引退表明（大関在位五〇場所）
▽3・2　厚生省の招待で中国孤児四七人来日。うち二六人身元判明
▽3・11　国鉄、赤字ローカル線七七の廃止決定
▽7・21　千代の富士、横綱に昇進
▽7・21　総合開発研究機構（理事長下河辺淳）「農業自立戦略の研究」を発表。国民経済研究協会（竹中一雄、叶芳和）がまとめたもので「農業近代化提言」（市場開放、競争原理の導入、農産物価格の抑制、離農促進、規模拡大など）財界、マスコミが鳴り物入りで取り入れる
▽8・25　台風一五号、本県を直撃。稲の穂先枯れ死
▽9・17　青森市八重田に新築の県立中央病院落成式（青森市新町から移転）
▽9月　全国の一〇〇歳以上の人一、〇七二人。うち女八七〇人（昭和38年、男女計一五三人）
▽11・4　岩手県の三陸鉄道株式会社発足（国鉄の廃線利用）
▽11・19　県りんご試験場の新品種「北斗」と命名
この年
・和田干蔵没（明治22年南郡竹館村生まれ、青森師範卒。弘前大学教授、植物学）
・松木明没（明治36年弘前市生まれ、東大卒の医学博士。血清学、津軽の民俗学研究）
・足沢禎吉没（高等小学校卒の苦学者、講談社副社長）
・本県二年連続の冷害。作況指数六五、県内平均反収三七一キロ（全国最低）
・全国の死因の一位が脳卒中を抜いてガンが一位に
・宅急便取扱量が郵便小包を抜く

昭和57年

▽2・9　日航機、羽田空港前の水面に墜落。二四名死亡（機長の「逆噴射」）
▽3・10　ソニーの井深大（名誉会長）、経団連の会合で「農業は東南アジアへ移すべきだ。日

昭和57年(1982)

本の農民は遊ばせて食わせておいた方が安くつく。農地を工業に使えば生産性が一五〇〇倍になる」と発言

▽4・1　日銀、五〇〇円硬貨発行

▽5・24　ダイエーの中内功社長、「自由化で潰れるような日本農業なら無くなっても仕方ない」と首相の諮問機関「物価安定政策会議」で発言

▽6・7　イスラエルの駐英大使、ロンドンで狙撃される(6日、イスラエル軍、南レバノンに侵攻)

▽6・27　東北新幹線、大宮―盛岡間開業(11月15日、上越新幹線、大宮―新潟間開業)

▽7・14　県、前年産のりんご販売額八五〇億円と推定

▽7・23　安倍晋太郎通産相、記者会見で「ブロック書簡」(アメリカが日本の鈴木首相へ、サミットで農産物輸入自由化の圧力をかけるべきだと、日本政府からその文案までアメリカへ提

昭和57年(1982)

供したというもの)について「事務当局が市場開放政策の効果をアメリカに根回しした」と語る

▽8・30　全国稲作経営者会議(事務局・全国農業会議所)、「農業構造改革」推進、米価抑制やむなし、離農促進肯定、大規模経営(稲作は夫婦で二〇町歩)の政策を政府へ要請

▽10・19　県産長芋、一キロ七〇〇円の高値

▽12・24　県りんご協会、「ふじがデリ系を抜いて生産量一位に、二位のスターキング暴落」と発表

この年

・木村甚弥没(明治34年旧柏木町生まれ、県りんご試験場長、農学博士。りんごのモニリア病克服に尽力した)

・首相が鈴木善幸から中曽根康弘に

・県内農業粗生産額一一、二七七億円(うち米三六・五%、果実二三・四%、畜産一八・三%、野菜一五・二%)

昭和

昭和57年

・水稲の反収、県内一位が田舎館村の六七〇キロ
・ゲートボール流行

昭和58年(1983)

▽2月　消費者金融（サラ金）大手三社（武富士、プロミス、アコム）五七年度決算で貸出残高二千億円台となる（武富士の経常利益二〇〇億円弱）
▽3・6　女子バレーの日立、日本リーグで完全優勝（四二連勝）
▽3・31　防衛庁、兵器発注額五七年度一年間で初めて一兆円台となる（一兆一、二七〇億円、前年比五〇％増）
▽4・4　NHK、朝の連続テレビドラマ「おしん」放映開始。脚本＝橋田壽賀子、出演＝小林綾子、田中裕子、乙羽信子
▽4・15　東京ディズニーランド開園（千葉県浦安市）
▽4・29　青森競輪、郊外へ移転オープン

昭和58年(1983)

▽5・26　日本海中部沖地震。震源地＝男鹿半島沖四〇キロ、震度＝深浦町・むつ市5、青森4。深浦・鰺ヶ沢・十三で大津波、県内の死者一七人、負傷者二五人、被害漁船五四〇隻
▽6・26　参議院選挙、初の全国区比例代表制実施
▽7・20　隆の里（浪岡町）第五九代横綱に。9月25日、全勝優勝
▽9・8　故上原正吉（大正製薬）の遺産六、六九〇億円。息子の相続税八五％
▽9・13　三井物産の八尋社長、ダイエーの中内社長ら、訪米先のアメリカ議会で、有力議員たちに「農産物の輸入自由化について日本政府へ圧力をかけて欲しい」と要請
▽10・10　NHK音楽コンクール中学の部で、八戸市の根城中学校が全国一位に
▽10・12　東京地裁、ロッキード事件で田中角栄元首相に懲役四年、追徴金五億円の実刑判決（直ちに控訴）

昭和58年（1983）

▽10・16　県の中級職員採用試験に受験者一〇八倍（史上最高）
▽10・16　モスクワでの第一三回世界柔道選手権大会で、斉藤仁（青森市出身）無差別級で優勝
▽11・20　東京女子国際マラソンで、佐々木七重（岩手県出身）優勝
▽12・4　第一八回福岡国際マラソンで、瀬古利彦優勝
▽12・30　東京外為、一ドル二三二円
この年
・寺山修司没（昭和11年弘前生まれ、詩人、歌人、劇作家）
・今官一没（弘前生まれ、直木賞受賞作家）
・高橋一智没（明治37年弘前生まれ、陶芸家）
・県内の生活保護世帯一五、九〇〇世帯
・県産りんご五一万トン（全国一〇四万トン）県内りんご輸送の七八％がトラック

昭和59年（1984）

▽2・10　むつ市で零下二二・一度（本県の観測史上最低）
▽2月　県内の国鉄貨物取扱駅、二二から一〇に減少
▽3・19　北海道農民連盟、ダイエー、味の素、ソニーの製品不買運動決議（ダイエーの中内功、味の素の渡辺文蔵、ソニーの井深大の、日本農業に対する挑戦的言動への抗議）。この後、三社が釈明したため7月5日に解除
▽3・23　豪雪で、この日までに県内行政機関の除雪費七一億円に達する
▽3・26　黒石市議会、「大企業責任者の日本農業不要論」に対する抗議決議（一〇対六で）
▽8・12　県内の真夏日、連続一四日間
▽8月　全国的な猛暑。東京の「熱帯夜」（最低二五度以上）連続二三日。観測史上最長。8月6日、釧路市で最高三一度
▽11・1　日銀、一万円札は福沢諭吉、五千円札は新渡戸稲造、一千円札は夏目漱石に

昭和59年（1984）

▽12・26　農水省、五八年度の穀物需給表を発表。穀物自給率三二%、米の一人当たり消費量、年間七五・七キロ

▽12月　県内の常用労働者一人当たり月額賃金（全産業平均）二二万三四四円（全国平均二九万七千円）

この年

・宅配便三億八、五〇〇万個（三年間に三・六倍）

・本県、柏村の相馬多左衛門と弘前の渡辺功、米の反収一トン採り記録（相馬一、〇〇八キロ、渡辺一、〇二〇キロ—玄米—）

・県内のりんごの栽培面積二五、〇八〇ヘクタール（過去最高）

・12月1日現在の物価

生産者米価（六〇キロ）　一八、六六八円

国鉄運賃（青森—弘前間）　五六〇円

ガソリン一リットル　一四九円

昭和60年（1985）

▽1・10　橋本聖子、全日本スピードスケート大会で三年連続四種目完全制覇

▽3・10　青函トンネル貫通。全長五三・八五キロ、海底部分二三・五キロ、世界最長。着工以来二一年、工費七千億円

▽4・1　電電公社と専売公社、民営化されて株式会社に

▽4月　吉幾三（金木町出身）の「俺ら東京さ行ぐだ」のレコード、六五万枚売れる

▽5・1　この日現在の県内農業関係高校（七校）卒業生八五六人のうち就農者一二三人（一四・四%—弘実二八%、三農二七%、五農一六%、柏農四%）

▽6・8　本州・四国連絡橋の一つである大鳴門橋（徳島県と淡路島を結ぶ）開通

▽6・15　朝の低温、三八地方の一部に降霜（最低気温＝十和田市の藤坂〇・九度、八戸市二・三度、名川町三度）

▽9・1　台風一三号、最大瞬間風速＝深浦町三

六メートル、弘前弥生地区三二メートル、竜飛三八メートル

▽10・1　この日現在の国勢調査、人口一億二、一〇四万人。東京一、一八二万人、本県一五二万四、四四八人（ピーク）。秋田県減少

▽12・21　日本相撲協会、横綱輪島を角界から追放決定（本人の借金問題）

この年

・県内の死因第一位が癌、第二位脳血管、第三位心臓疾患（県統計）

・両国の国技館完成

県内りんごの品種

品種名	ha
ふじ	9,834
デリ系	5,932
つがる	1,805
王林	1,432
陸奥	1,282
ジョナゴールド	1,021
国光	996
紅玉	738
その他	2,952

（県調査）

昭和61年（1986）

▽1・29　地価高騰。東京の銀座六丁目、坪当たり一億二千万円で取引

▽1・30　社会党、天皇在位六〇年記念式典に反対し欠席

▽2・21　鹿児島県徳之島の泉重千代死去。一二〇歳、世界一の長寿

▽3・23　新聞・テレビ、一斉にフィリピン大統領マルコス夫妻（アメリカへ逃亡）の海外への隠し財産報道。資産総額二兆円から三兆円など と。フィリピンの年間国家予算、日本円で六千億円。マルコス政権時代、日本の企業も受注品の供給等、普通一五％のリベートをマルコス一家へ支払っていたことも表面化（アメリカ議会の調査で）

▽4・1　県庁の人事異動で、一戸泰子（55歳）児童婦人課長に発令される（本庁女性課長の第一号）

▽4・23　青森市安方の県観光物産館アスパム完成。青森県（Aomori）観光（Sightseeing）物

昭和61年（1986）

産（Products）館（Mansion）の略

▽4・26　ソ連・ウクライナのチェルノブイリ原子力発電所、化学爆発事故で付近が「死の灰地帯」となる

▽7・30　東北縦貫自動車道路、鹿角―碇ヶ関間完成し、浦和―青森間六七四キロ全通（昭和41年着工以来二〇年ぶり）

▽7月　大前研一（マッキンゼー社の日本支社長）、「文芸春秋」八月号に「大都市近郊一〇〇キロ以内の米作をやめさせ宅地にすれば、宅地の地価が四分の一か五分の一に下がる」と発表

▽8・1　県内の稲作の品種状況、アキヒカリ八四%、ムツホナミ四%

▽8・1　評論家・竹村健一、「週刊ポスト」八月一五日号に、「年収五〇〇万円のサラリーマン家庭が農家のためになぜ補助金を出さなければならないのか。農業補助金をゼロにすればサラリーマンの税金が半分になる」と主張

▽8・11　文部省、六一年の大学・短大の進学率を発表。全国三四・七%、東京四五%、広島四四%、沖縄二七%、本県二〇%（最低）

▽8・8　文相・藤尾正行、中曽根首相に罷免される。「日韓併合は相手国にも責任がある」と「文芸春秋」に載せ、発言取り消しを拒否したため

昭和61年（1986）

▽10・16　日銀、天皇在位六〇年記念の一〇万円金貨と一万円銀貨発行

▽12・19　「ビートたけし」軍団一一人、講談社に殴り込み、負傷者五人

▽12・26　弘南バス、弘前―東京間運行開始（片道九時間一五分、料金九、五〇〇円、全国最長）

この年

・前川国男没（明治38年生まれ、東大教授、建築家。佐藤尚武の甥、日本芸術院会員）

・石坂洋次郎没（明治33年弘前生まれ、秋田県で中学校、女学校の教諭、東京に出て作家に。朝日新聞連載小説「青い山脈」ベストセラーに。菊池寛賞もうける）

昭和61年（1986）	昭和62年（1987）
・竹内俊吉没（明治33年西郡出精村〈つがる市〉生まれ。東奥日報記者、県議、衆院議員、知事） ・工藤半右衛門没（明治45年西郡柏村生まれ、終戦直後、青森市で「工藤パン」創業） ・赤電話（公衆電話）の利用減る ・全国で中学生の登校拒否増える（五〇日以上二万七、九二六人）	▽1・27　経団連、国産米の政府買上量を現在の六割から三割に減らすこと、米価は段階的に下げること、一定規模以上の農家には減反をさせないことの三点を政府へ提言 ▽1月　国内の電子レンジ普及率五〇％を超える ▽2・1　異常暖冬全国的に続く。最高気温＝青森一一・四度、弘前一〇・九度、八戸一〇・八度 ▽2・23　本県上北町出身の競馬騎手・佐々木武見（45歳）、わが国競馬史上空前の六千勝記録

昭和62年（1987）

（世界四位）

▽4・14　衆議院、三木武夫（80歳）を議員在職五〇年の表彰（尾崎行雄に次ぐ史上二人目）

▽5・27　大相撲力士・小錦、外国人初の大関昇進

▽6・7　県内異常高温。三戸町三五・六度、青森市三三・五度、弘前三三・三度、八戸三四・五度（六月としては青森気象台の観測史上最高）

▽7・4　政府、六二年産米価を前年比六％下げと決定（昭和31年以来の引下げ。玄米六〇キロ、平均一七、五五七円）

▽7・19　青森空港にジェット機就航

▽9・7　北海道十勝地方の農民、輸入自由化阻止と自主的生産調整のため雑豆二千ヘクタールの青刈り実施

▽9・30　大乃国横綱に、同時に旭富士大関に。四横綱、四大関となる（四横綱、四大関は大正7年以来二度目）

▽10・15　イラン、米国籍タンカーをミサイルで攻撃（19日、米海軍、イランの海上石油基地を

昭和62年（1987）

攻撃）

▽11・2　ソ連のゴルバチョフ書記長、革命七〇周年記念大会で、スターリン時代の指導の誤りを指摘

▽11月　日本商工会議所、和文タイプライターの技能検定試験を本年度限りで廃止と発表（ワープロの普及による）

この年

・高木恭造没（明治36年青森市生まれ、方言詩人）

・宮川翠雨没（大正元年青森市生まれ、本名武弘、書家。日展特選、日展審査員）

・岸信介・鶴田浩二・石原裕次郎死去

・日本への留学者数二万二、一五四人（一〇年間で四倍）

・世界の人口、五〇億人突破

昭和63年

▽2・1　日本相撲協会の理事長に二子山勝治（若乃花）就任

▽2・28　サントリーの佐治敬三社長、民放テレ

昭和63年（1988）

ビで「東北は熊襲《くまそ》の産地、文化の程度も低い」と発言。東北地方から抗議を受け、翌日から陳謝に巡る

▽2月　橋本聖子、冬季オリンピックのスケート競技で全五種目に「日本新」で入賞

▽3・13　青函トンネルの開通により、連絡船八甲田丸、羊蹄丸、最後の就航

▽3・17　東京ドーム落成式

▽5・18　大相撲夏場所（東京）一一日目、横綱大乃国（二〇一キロ）と大関小錦（二五二キロ）対戦。合計四五三キロ

▽8・20　イラン・イラク戦争、八年ぶりで停戦（この間、死傷者一〇〇万人）

▽10・1　斉藤仁（青森市出身）、オリンピックの柔道95キロ以上戦で優勝（オリンピック二連覇）

▽11・21　作家・三浦哲郎（芥川賞受賞）、芸術院会員に

▽11・29　竹下首相、「ふるさと創生」として全

昭和63年(1988)

国の全市町村に一律一億円交付を決定

▽11月　横綱千代の富士、九州場所で五三連勝(歴代二位)

▽12・25　千葉県中山競馬場における「有馬記念レース」の売上高三二四億七千万円。売上高の最高記録

この年

・津川武一没(78歳、浪岡町出身、東大医学部卒。東北最初の共産党代議士五期)

・森田重次郎没(98歳、上北町出身。26歳で天間林村高等小学校長、弁護士。自民党代議士七期)

県内主要駅の一日平均乗車人員

駅名	人
青森	9,577
弘前	6,997
五所川原	4,303
八戸	3,860
本八戸	3,685
三沢	2,295
浪岡	1,498
野辺地	1,483
鮫	1,482
川部	1,245

平成元年(1989)

▽1・7　昭和天皇崩御(87歳)。翌日から元号は平成に

▽2・4　金融機関、週末二日間休業となる

▽2・17　県内異常な少雪暖冬続く。この日現在、八戸・むつ・深浦積雪ゼロ、弘前一センチ、青森三〇センチ(3月2日、青森市積雪ゼロに)

▽4・1　消費税の始まり(三%)

▽4・29　五所川原の森田稔市長の解職投票、大差でリコール成立

▽4・30　パリの国際女子マラソンで、小島和恵(稲垣村出身、木造高校、川鉄)二時間二九分で優勝(日本最高記録)

▽4月　川崎市郊外の竹藪から二回にわたり計二億三五〇〇万円の札拾われる(二回ともリュックサック入り)

▽6・30　横浜市の産業廃棄物の現場から一億七千万円入っている金庫拾われる

▽7・7　天皇陛下、四億二、八〇〇万円の相続税納付

平成元年（1989）

▽7・22　美空ひばり死去（52歳）
▽7・23　本県の参院選で核燃反対の三上隆雄当選。全国的に野党伸び、参院で与野党逆転。社会四六、自民三六、公明一〇、共産五人当選（社会党の委員長は土井たか子）
▽11・7　ニューヨークの市長選で黒人のディンキンズ当選
この年
・松下幸之助没（94歳）、遺産相続額二、四四九億円（史上最高）
・横山武夫没（明治34年青森生まれ、青森中学校長、津島知事時代の副知事、歌人）
・平井信作没（大正2年浪岡町生まれ、作家）
・本県の水稲反収全国一位に（五八六キロ）。西郡柏村全国市町村一位（六四六キロ）、全国の一位―八位まで本県
・一九五五年からこの年まで三四年間の六六都市の地価一二八倍。その間、卸売物価指数は二倍（都留重人《つるしげと》、平成一三年「世界」八月号）

平成2年（1990）

▽2・18　総選挙。自民二七五、社会一三六、公明四五、共産一六、民社一四。本県一区の関晴正（社元）一六一、五七九票（本県衆院選挙史上最多）。二区山内弘（社新）七一、八五五票（二位）、二区の社会党当選は二二年ぶりで、相馬村の五所集落から現役国会議員二人に
▽3・1　青森市の二月中の平均気温一・五度。観測史上最高。二月中の降雪量僅か九センチで、この日青森市内の積雪ゼロとなる（二年連続の暖冬）
▽4・3　日本原燃産業、六ヶ所村のウラン濃縮工場への遠心分離機搬入
▽4・15　県内「春の降雪」。この日、七戸町一九センチ、十和田市一〇センチ（同市の桜五分咲きの上に雪）
▽4・29　京都における天皇賞競馬で優勝馬の賞金一億一千万円、騎手武豊。このレースの売上高二七一億円（史上最高）
▽4月　りんご果汁の輸入自由化となる

平成

平成2年（1990）

▽5月　大昭和製紙の名誉会長斎藤了英、ニューヨークでの競売でゴッホの絵「医師カシエ肖像」を一二五億円、ルノワールの「ムーラン・ド・ラ・ギャレッド」を一一九億円で落札

▽6・20　ソ連、日本兵の捕虜五九万四千人、うちシベリアへ強制連行した者五四万六、〇三〇人、死亡六万二、〇六八人と初めて発表

▽8・2　イラク、クウェートへ侵攻（湾岸戦争の始まり）

▽9・14　政府、第二次中東支援政策を決定。多国籍軍追加支援一〇億ドル、周辺国への経済援助二〇億ドルを決定（アメリカからの要請もあって）

▽9・24　朝鮮労働党（北朝鮮）の招待で自民・社会両党の代表団（金丸信・田辺誠）訪問。「植民地支配」を謝罪し、戦後の損失を公式に償うべきだと共同宣言に調印

▽10・3　ドイツ、国家統一記念式挙行（東西ドイツの解消）

平成2年（1990）

▽12・9　第八回福岡国際女子柔道選手権大会で、48キロ級の田村亮子（15歳）最年少で優勝

この年

・栃錦没（元横綱、64歳）

・高峰三枝子没（女優、71歳）

・鳴海助一没（明治39年平賀町生まれ、高等小学校中退。独学で小学校教員、中学校長、高校教諭となる。方言研究家）

・県産りんご（二年産）販売額一、二五三億円（史上最高、前年比六％増の四七万トン。加工、小口発送、県内消費を含む）

・大学・短大の入学者、女子の数が男子を上回る（史上初）

平成3年（1991）

▽3月　県内の大工組合、この年の賃金一日一万七千円と決定（生産者米価—政府基準価格一俵六〇キロを上回る）

▽4・1　牛肉・オレンジ輸入自由化開始

▽4・7　本県の県議選、社共大敗（社七から一

平成３年（1991）

に、共三から〇に。全国的に社共大敗。南津軽郡の木村太郎（新自、25歳）県政史上最年少の当選

▽5・14　この日、一勝二敗の横綱千代の富士（36歳）引退。優勝三一回、五三連勝。三〇歳台の優勝回数一九回、横綱在位五九場所

▽5・19　自民党の金丸副総理、富山県での講演で「アメリカあっての日本、農家も貿易（工業製品の輸出）の恩恵をうけている。米の一部開放はやむをえない。農家には農地の自由売買を認めて救済すればよい」と発言

▽5月　労働行政研究所、今春の大卒初任給平均一八万三千円（前年比五・二％増）と発表

▽7・29　三沢市農協の馬鈴薯、史上最高の高値、反当たり六七万五千円

▽8・25　ソ連の大統領ゴルバチョフ、共産党書記長を辞任し、同党の解散を発表

▽9・28　台風一九号、本県のりんごに大被害を与える。生産予想四九万トンのうち三二万トン

平成３年（1991）

被害。瞬間風速＝青森市五四メートル、黒石市六〇メートル。県内の停電＝一六万戸、弘前市六万戸。奥羽本線一日中運休、県内の電柱倒伏

・折損九〇〇本

▽12・22　中央競馬・有馬記念、一レースの売上げ五三三億円（史上最高）、一日の入場者一二万人

この年

・渋川伝次郎没（93歳、県りんご協会創立者）

・斎藤昌美没（りんご・ふじの育成者）

・三村泰右《たいすけ》没（明治30年上北郡百石町生まれ、県農協中央会初代会長、現知事三村申吾の祖父）

・水野陳好没（明治28年生まれ、東大農学部卒。三本木の渋沢農場長、三本木町長、十和田市長）

・森繁久弥・上原謙死去

・中東の湾岸戦争の戦費として、日本、アメリカへ一〇〇億ドル出す

平成4年(1992)

▽3・27 六ヶ所村のウラン濃縮工場操業開始（国内初）

▽4・27 農水省青森統計事務所、九一年産の県内りんご収穫量を二六万一、五〇〇トン（前年比四八％）と発表

▽4月 南郡田舎館村と上北町で、昨年に引き続きヘリコプターによる水田不耕起、湛水直播を行う

▽8・5 バルセロナオリンピック・レスリングで、赤石光生（弘前）銅メダル

▽8・7 青森市のネブタに期間中最多の三五〇万人

▽9・1 県内、猛烈残暑。三戸町で三三度

▽9・12 学校の週休二日制により初の土曜休日

▽9・12 日本人初の宇宙飛行士・毛利衛、米スペースシャトルに搭乗出発

▽10・23 天皇・皇后両陛下、中国訪問出発

この年

・柴田久次郎没（明治34年黒石生まれ、共産党

平成4年(1992)

県議、農民運動家）

・米内山義一郎没（明治42年上北郡浦野館村生まれ、元社会党代議士）

・力士の給料（月） 横綱 一八七万円
十両 六八万円

・本県の酒類消費、秋田県に次いで東北二位

・津軽南部の生産者農業所得比較（東西逆転）

	弘前市	十和田市
10 a当たり	万円 13	万円 9
1戸当たり	187	254

（平成4年 農水省統計）

平成5年(1993)

▽1・27 大関曙太郎（ハワイ出身）横綱に（外国人初）

▽3・6 東京地検、前自民党副総裁金丸信を、九億円の脱税容疑で逮捕

▽4・23 天皇・皇后両陛下、沖縄を訪問（歴代天皇として初めて）

平成5年(1993)

▽6・9　皇太子徳仁・小和田雅子、結婚の儀

▽7・12　北海道・奥尻島付近で大地震。M7・8、死亡・行方不明者二三一人

▽7・18　総選挙。自民党二二三、社会党七〇(六七減)、新生党五五、日本新党三五、新党さきがけ一三

▽8・6　特別国会で、社会党の土井たか子衆院議長に、細川護熙《もりひろ》首相に指名される(衆院=細川二六二票、河野洋平二二四票。自民党、三八年ぶりに下野)

▽8・17　円高に。東京外為一ドル一〇〇円四〇銭

▽9・25　大冷害による米不足を見越し、十和田市・三沢市の米販売店、売る米がないと閉店。米買いのお客が殺到し騒動。全国的な始まり

▽10・3　モスクワで大規模な軍民衝突。一万人のデモ隊と政府軍、市街戦。戦車も出動、死者一八七人

▽10・6　県生協連、青森食糧事務所へ米の円滑

供給を要請。生協でも一人五キロだけの制限販売実施。八戸の店では一人二キロ入れを一袋ずつ販売

▽10・6　十和田市で「稲刈り」でなく、トラクターによる「押し潰し」や草刈機による「刈払い」始まる(皆無作のため)

▽10・9　「米騒動」の上十三の米業者へ食糧庁、新潟県から三〇トン入れる

▽10・14　三戸新郷村、皆無作の「稲刈り」奨励のため反当たり五千円助成を決定(稲焼き放置防止のため)

▽10・15　新潟県で米屋、本年産の糯《もち》米を一俵四万二千円で売る

▽12・8　世界遺産委員会、本県の白神山地を「世界遺産」に決定

▽12・24　農水省、本年産の稲作作況指数を発表。全国74、本県28(青森9、津軽45、南部・下北0、岩手30、北海道40、宮城37、秋田83)で、本県の平均反収一五九キロ

平成5年(1993)

▽12・24　政府、米輸入に関するガット・ウルグアイラウンドのミニマム・アクセス（関税の税率を下げない代わりに毎年七八万トンの輸入を約束）を受諾。このときの農水相が田名部匡省、政務次官・木村守男、事務次官・京谷昭夫（八戸市出身）

この年

・田中稔没（元県農業試験場長、稲の耐冷品種育成者）

・増田手古奈没（明治30年大鰐町生まれ、東大医学部卒の医師、俳誌「十和田」創刊）

・田中角栄没（元首相）、野坂参三没（元共産党委員長）、藤山一郎没（歌手）

・県内稲作

　ゼロ市町村＝平内、蟹田、今別、平舘、三厩、野辺地、百石、十和田湖、横浜、六ヶ所、川内、脇野沢、東通

　一キロ未満＝三沢、東北、天間林、むつ、大畑

平成6年(1994)

▽1・24　郵便料金、封書八〇円、葉書五〇円に

▽2・28　新潟コシヒカリ、六〇キロ一俵五万円に（一週間で五―六千円値上がり）。糯米、小売価格一〇キロで一万二千円に（東京）

▽2月　このときの農業センサス、本県の農家戸数七万八、五九二戸（五年間で一一％減）、販売農家（三〇アール以上、年間販売額五〇万円以上）六七、八八五戸

▽3・7　青森港へタイ国産の米到着（輸入）

▽3・8　東京・江戸川区の米屋、一人二袋（一袋二キロ入り）までの制限販売。開店後五分間で売切れ

▽3・9　この日の朝日新聞「声」欄に、新潟産コシヒカリ一俵（六〇キロ）卸売市場で五万三千円に高騰と投稿

▽3・11　弘前大学の病院で五つ子出産（男児）

▽3・17　グアム島付近で遭難の漁師九人、三七日間筏で二八〇〇キロ漂流していたところ、漁船に救助される

平成6年(1994)

▽3・29　県、コンドームの自動販売機の屋外設置を認めると決定
▽6・27　長野県松本市で有毒ガス（サリン）事件発生。死者七人、入院五二人
▽6・30　村山内閣成立。入閣者＝社会五、自民一三、新党さきがけ二。田中真紀子、衆院当選一年以内で入閣
▽7・16　青森市三内丸山遺跡から巨大木柱や大量の土器出土
▽8・5　神戸の福徳銀行で現金輸送車襲われ、五億四千万円奪われる
▽8・31　八月中の真夏日。弘前21日、青森17日、むつ16日
▽11・23　貴乃花、横綱に
▽12・28　「三陸はるか沖地震」、八戸市震度6

この年
・熊谷義雄没（明治38年岩手県生まれ、八戸の人となり、水産会社の社長。衆院議員、社労委員長なども務める）

平成6年(1994)

・竹島儀助没（南郡藤崎町のりんご生産者。りんご授粉にマメコバチの利用者の最初）
・全国的に猛暑
・移動電話急増
・国内のパソコン販売台数三三〇万台
・全国のナタネ作付面積二四五ヘクタールに減少。本県の横浜町、最大一四一ヘクタール
・パチンコの年間売上げ（全国）三〇兆四千億円

平成7年(1995)

▽1・17　阪神淡路大震災。震度7、死者六、三〇〇人、三四万人が学校、公園に避難。鉄道不通、戦後最大の震災
▽2・5　県知事選、木村守男当選（三二万三千票、北村正哉二七万九千票、大下由美子五万九千票）
▽3・13　プロボクシング・Jミドル級の上山仁（川内町出身、大湊高校卒）、日本タイトル二〇連続防衛の日本記録達成

平成7年（1995）

▽3・20　東京の地下鉄、猛毒ガス・サリン散布で一一人死亡。警視庁、オウム真理教団の施設を捜査、四〇〇人以上逮捕
▽3・30　国松警察庁長官、自宅前で狙撃される
▽4・2　青森空港、初の国際便、ソウルへ。5日、ハバロフスクへ
▽4・5　県庁に初の女性部長（小林英子、55歳、生活福祉部長）
▽4・9　横山ノック（喜劇役者）大阪府知事に、青島幸男東京都知事に当選
▽4・19　東京外為、円相場高騰。一ドル七九円
▽6・29　北朝鮮からの要請でわが国から米三〇万トン、うち半分は無償、半分はトン当たり一万五千円―一万八千円、三〇年の延べ払い、一〇年間据え置き
▽7・23　参院選。自民四六、社会一六で社会党大敗。新進党四〇（倍増）
▽8・4　松尾官平（三戸町）参院副議長に
▽9・12　大相撲秋場所、大関小錦（二八四キロ）

対舞の海（九七キロ）戦で、舞の海勝つ（体重差一八四キロ）
▽9・14　住宅金融専門会社（住専）で、八社の不良債権見つかる。金額八兆四千億円（六月末）うち回収不能六兆二千億円と判明（国会で大きな議論に）
▽10・1　国勢調査。国内人口一億二、五五七万人

この年
・淡谷悠蔵没（明治30年青森市生まれ、元社会党代議士六期。98歳）
・福士重太郎没（明治35年北郡治川村の生まれ、小学校卒。二六歳で浪岡警察署長、青森警察署長。津島知事時代の出納長）
・パソコンブーム
・国内の腕時計生産、前年比二三％減

生活保護率

全国平均	7.0
福島	4.0
山形	3.4
秋田	7.0
宮城	3.3
岩手	5.2
青森	11.1

%

平成8年（1996）

▽1・1　県内の人口一四八万三千人と推計（県）
▽1・11　橋本内閣成立。副総理・蔵相に社会党の久保亘、厚相に菅直人
▽1・19　社会党、社民党と改名
▽1・21　大関貴ノ浪（三沢、24歳）初優勝
▽3・21　金木町の斜陽館を同町が三億四千万円で購入すると決定
▽4・3　東京・小石川税務署、田中角栄の課税対象遺産一九八億、相続税六五億円と公示
▽5・1　橋本首相、連合系の中央メーデー（代々木公園）に出席。自民党の首相としては最初
▽10・20　小選挙区制による初の衆院選。自民二三九、新進一五六、民主五二、共産二六、社民一五。本県の当選者＝一区津島雄二、二区江渡聡徳、三区大島理森、四区木村太郎。比例東北区の田沢吉郎（78歳）、竹内黎一（70歳）落選

この年
・三橋美智也没（歌手、66歳）
・石館守三没（青森市出身、元東大薬学部長）

平成9年（1997）

▽1・18　自民党の大会に初めて全電通、全逓《てい》、電気連合、自治労、日教組の代表が出席
▽3・5　三内丸山遺跡、国史跡に指定される
▽3・11　茨城県東海村の核燃料再処理工場で爆発事故（被曝者三七人以上）
▽3・22　秋田新幹線「こまち」運転開始
▽3・23　青森公立大学第一期生二二七人卒業
▽4・1　消費税、三％から五％に
▽6・13　労働省の事務次官に松原亘子（前労政局長、各省庁中、初の女性次官）
▽7・1　香港、イギリスから中国へ返還
▽10・1　長野新幹線（東京―長野）開通
▽10・1　県産米「つがるロマン」発売
▽11・17　北海道拓殖銀行破綻
▽11・20　五所川原にイトーヨーカ堂を中核とする「エルム街」オープン
▽11・24　四大証券の一つ、山一証券会社廃業
▽12・18　川崎―木更津間の東京湾横断橋開通（着工以来八年半）

平成10年（1998）

▽3月　県産りんご安値。ふじの産地価格一キロ七七円（過去三カ年平均の五四％）、王林六一円

▽3月　木村守男知事、フランスから高レベル放射性廃棄物を積んだ船の六ヶ所港への接岸を拒否。木村知事、橋本首相と官邸で会い、三日間で解除。「週刊新潮」、「青森県知事の猿芝居」と書く

▽4・1　県庁の人事異動で、政府の各省庁からの出向部長がゼロとなる

▽4・5　明石海峡大橋開通（神戸―鳴門ルート）

▽5月　若の花（三代目）横綱に。弟貴乃花と兄弟横綱となる

▽6・10　厚生省、前年の人口動態発表。一人の女性が生む子供の数一・三九人（少子化）

▽7・1　競馬騎手・佐々木竹見（上北町出身、56歳）、地方競馬（川崎）で七千勝

▽7・1　木村知事、副知事の一人に成田栄子を登用（75歳、青森市内の元小学校長、木村知事

平成10年（1998）

小学時代の担任教師）

▽7・25　和歌山市の自治会祭りでカレー毒殺事件（四人死亡）

▽7・30　小渕内閣成立。蔵相に元首相の宮沢喜一起用

▽8・12　東京外為市場、一ドル一四七円（八年ぶりの円下落）

▽8・31　北朝鮮、「テポドン一号」発射。岩手県の三陸沖に落下

▽9・3　京大大学院、朝鮮大学校卒生の入試合格を認める

▽10・5　上北郡下田町役場の農林課長（54歳）、減反の推進に疲れたと遺書を残して自殺

▽12・6　高橋尚子、アジア競技大会（バンコク）の女子マラソンで日本最高記録（二時間二一分）で優勝

▽12月　一二月～二月までの県内鱈漁一、三〇九トン

この年

平成10年（1998）

・本県の生産農業所得が東北一位
・柏村の水稲反収六五七キロ（全国一位五回目）
・高橋竹山没（津軽三味線奏者、88歳）

農業生産の市町村比較（平成10年）

順位	10アール所得		野菜生産	
	市町村名	金額（万円）	市町村名	金額（万円）
1	南部町	17.8	東北町	47.5
2	三戸町	14.9	木造町	43.9
3	相馬村	14.7	十和田市	42.4
4	大鰐町	13.4	三沢市	39.3
5	名川町	13.1	六戸町	28.7
6	弘前市	12.9	五戸町	26.1
7	百石町	12.7	下田町	23.7
8	岩木町	12.2	八戸市	23.4
9	平賀町	11.6	百石町	21.6
10	福地村	11.6	天間林村	17.3

農水省統計情報事務所調べ

・花類生産の順位
①黒石市　②八戸市　③田子町　④三戸町
⑤青森市　⑥五所川原市　⑦新郷村　⑧尾上町　⑨田舎館村　⑩南部町

平成11年（1999）

▽1・31　県知事選。四二三、〇八六票の得票で木村守男再選。県知事選で最多。
▽2・23　ブリヂストンタイヤ社の元社員、リストラに抗議して社長室で割腹自殺
▽4・1　市町村の「平成の大合併」始まる
▽4・1　奈良県の四二農協、全県一つに合併（全国最初）
▽4月　県立尾上高校開校（県立高校の七二校目）
▽4月　青森市に県立保健大学開学
▽5・26　大相撲の武蔵丸（ハワイ出身）、外国人二人目の横綱になる
▽6・16　農水省農業技術センター（つくば市）、人工田植え機で田植えを試験
▽7・23　羽田発千歳行きの全日空機、操縦室に男が乱入、ハイジャック。機長を刺殺
▽7月　相馬村農協、一〇年産のりんご共販率九五％。取扱量九五万箱
▽8月　県内、猛暑続く。八月中の真夏日、弘

平成11年（1999）

前・黒石・五所川原・青森、二〇日間

▽9・30　茨城県東海村の核燃料施設で限界事故発生。現場の四九人、放射能被曝

▽10月　世界の人口、六〇億に達する

▽10月　世銀総裁、「二〇二五年になると三〇億人が水不足になる」と警告

▽11・12　五所川原出身の高橋高男（78歳無職・東京在住）、東京・港区から青森まで個人タクシーに乗り、二四万六千円を踏み倒そうとして青森警察署に逮捕される

▽12・22　舞の海（元小結31歳・鰺ケ沢出身）、引退表明（幕内在位三六場所、技能賞五回。身長一七一センチ、体重九八キロの小兵。「技のデパート」と称された）

▽12・30　ポルトガルに統治されていたマカオ、四五〇年ぶりに中国へ返還

▽12・31　アメリカに支配されていたパナマ運河、パナマに返還される

この年

平成11年（1999）

・淡谷のり子没（青森市出身、歌手）

・県内の人口、初めて自然減に

・青森営林局、東北森林管理局（秋田）青森分局となる

平成12年（2000）

▽1・19　インターネット検索会社のヤフー（東京）の株が一億一四〇〇万円に高騰（額面五万円が二年間に五〇〇〇倍に）

▽1月　陸奥湾の鱈不漁。脇野沢、佐井村の漁獲量、合わせて一六・五トン（前年同期比八割減）

▽1月　プロ野球選手イチロー（オリックス、鈴木一朗）、年俸五億三千万円で契約（史上最高）

▽2・6　太田房江（元通産省審議官）、大阪府知事に当選（全国初の女性知事）

▽3月　イギリスの経済紙サンデー・ビジネス、日本の孫正義（ソフトバンク社長）の資産三三三億ドルと報じる

平成12年（2000）

▽4・1　介護保険（強制加入）発足
▽6・16　皇太后良子様（昭和天皇の皇后）ご逝去、九七歳
▽6・20　県庁の北棟完成（工費一二七億円）
▽7・4　第二次森内閣に津島雄二（厚相）と大島理森（文相）の本県選出議員が二人入閣（片山内閣に苫米地義三と笹森順造の二人が同時入閣以来二回目）
▽7・27　県内公立学校教員採用試験に一、八六八人受験。過去最高の倍率（一二・四倍）
▽9・15　シドニーオリンピックで、高橋尚子（女子マラソン）、田村亮子（女子柔道）優勝。日本＝金5、銀8、銅5
▽10・6　政府、北朝鮮へ米五〇万トンの追加支援を発表
▽11・6　創業以来一〇八年の今泉本店（弘前）倒産
▽11・30　健康保険法改正。七〇歳以上の患者、医療費一割負担となる

平成12年（2000）

▽12月　県産りんご、県外市場で一キロ三二六円の高値（りんご、ミカン品薄のため）
▽12月　青森市内のガソリン、一リットル九八円—一〇五円

この年
・八戸港の貿易額一、三一九億円（過去最高）
・県内の物価・賃金

ラーメン	四五〇円
カレーライス	五五〇円
鉄道運賃　青森—弘前	六五〇円
バス　青森—五所川原	一、〇〇〇円
青森—十和田	一、八〇〇円
大卒初任給（全国平均）	一九万六千円
高卒初任給	一五万七千円

平成13年（2001）

▽1・6　政府の省庁再編。通産、郵政、自治、運輸などの省名消える
▽2・14　青森市大雪。この日現在の積雪一五四センチ

平成13年(2001)

▽2・28　西津軽郡車力村長に成田佐太郎、一〇回目の連続当選
▽3・2　青森―大阪間の特急列車「白鳥」運行最終日(四〇年間)
▽3・31　下北交通、大畑線(鉄道)の運行最終日
▽3月　県経済農協連合会(経済連)、全農に統合し、全農青森県本部となる
▽4・26　小泉内閣成立。田中真紀子外相に、竹中平蔵(慶大教授)経済財政担当相に。
▽7・29　田村亮子、世界女子柔道で五連覇
▽8・13　甲子園野球で八戸光星学院高校、二年連続でベスト8へ
▽9・11　アメリカ・ニューヨークで同時多発テロ、死者二、五〇〇人以上
▽9・30　高橋尚子、ベルリンマラソンで二時間一九分四六秒の世界新で優勝
▽9月　県内の一〇〇歳以上の人一一一人、うち女性九七人
▽10・31　県住宅供給公社の職員、一四億二千万円の公金使い込み発覚、告訴される
▽11・2　青森市のスーパーマーケット「亀屋みなみ」経営破綻
▽12・1　皇太子妃雅子、愛子出産

この年
・田沢吉郎没(田舎館村出身、元大臣、82歳)
・三波春夫没(歌手、77歳)
・世界の人口六一億三、四〇〇万人と推計される
・前年の各県平均寿命(東奥日報)

全国	男七七・七歳	女八四・六歳
青森	七五・六	八三・六
長野	七八・九	八六・〇

平成14年(2002)

▽1月　県内の有効求人倍率〇・二六倍(人余り)
▽2・17　県教育厚生会保有のアルゼンチン国債三三億六千万円、債務不履行になることが判明(アルゼンチン国の経済悪化で)
▽3月　弘南バス、一三路線二八系統の二〇四

便を、一一路線一四系統の一一八便（八六便減）にすることに決定
▽4・17　弘前公園、桜満開宣言（例年より早く）
▽5・24　大手銀行一三行の三月末現在の不良債権二六兆八〇〇億円に急増と判明
▽9・17　小泉首相、北朝鮮訪問、金正日書記長と会談。北朝鮮一三人の日本人拉致を認め謝罪
▽12・1　東北新幹線、盛岡―八戸間開通（10月15日、五人の拉致者帰国）
▽12・11　津軽地方で大雪。青森市の「日降雪量」六七センチ
▽12・16　米英軍の後方支援のため、海上自衛隊のイージス艦をインド洋へ派遣
この年
・高橋圭三没（元NHKアナウンサー、83歳）
・村田英雄没（歌手、73歳）

平成15年（2003）

▽1・10　北朝鮮、核不拡散条約から脱退宣言
▽2・24　北朝鮮、地対艦ミサイルを日本海の公海へ発射
▽3・19　米英軍、イラク攻戦開始
▽4・17　弘前公園、桜の開花宣言
▽4・23　青森市の松木屋百貨店閉店
▽5・15　木村守男、知事辞任
▽5・18　六ヶ所村の橋本寿村長自殺
▽6・7　前年産のりんご、県外消費価格一キロ二一一円、過去三カ年比三〇％安
▽6・21　共産党、綱領を大改正。天皇制を事実上容認、自衛隊の当面存続を認める
▽6・29　知事選で前代議士の三村申吾当選
▽7・1　弘前市・岩木町・藤崎町・大鰐町・碇ヶ関村・西目屋村の六農協合併、「つがる弘前農協」発足
▽7・7　みちのく銀行、ロシアのハバロフスクに支店開設
▽8・8　五所川原市に開閉式屋根の克雪ドーム

平成15年（2003）

開館

▽9・7　第一一回県民駅伝で東北町が九連勝

▽9・15　青森ねぶた、ロンドンのフェスティバルに参加

▽11・9　衆院選で本県の四選挙区とも自民党当選。共産党の高橋千鶴子、比例区で当選

▽11・29　イラクで日本大使館員二人殺害される

この年

・本県冷害。稲作の作況指数53（津軽71、青森53、南部・下北14）

・県内産業別総生産（県統計）

農業	一、三六〇億円
林業	七六億円
水産業	二〇六億円
製造業	四、一三四億円

・東北六県総生産（東奥年鑑）

青森四、二七八億円	秋田三、七〇〇億円
岩手四、五五〇億円	山形四、〇〇二億円
宮城八、四二六億円	福島七、四九一億円

平成16年（2004）

▽2・27　オウム真理教の松本智津夫（麻原）に死刑判決

▽3・11　マドリードで列車爆破テロ。死者二〇〇人

▽4・21　五所川原の「立佞武多の館」オープン

▽5月　元大関貴ノ浪（三沢）引退

▽7・27　脱北者四五七人、東南アジア経由で韓国へ

▽8月　アテネオリンピックで、柔道の田村亮子、野村忠宏金メダル、マラソンの野口みずき、水泳の柴田亜衣、北島康介も金で日本はこの大会で金メダル一六個獲得。本県勢＝福原愛（15歳、山田高校、卓球）、伊調千春（八戸、レスリング）、伊調馨（妹、同）、福士加代子（板柳町、一万メートル）、泉浩（大間町、柔道）が出場。伊調馨金、千春銀、泉浩銀、斎藤春香（ソフトボール）銅

▽10・1　野球のイチロー、大リーグ年間最多安打記録更新（二六二本）

平成16年(2004)	平成17年(2005)
▽10・23 新潟県中越地震。一時一〇万人以上が避難生活 ▽12・26 スマトラ沖地震、インド洋大津波。死者三〇万人以上	▽2・11 つがる市誕生(木造町・森田村・柏村・稲垣村・車力村の合併) ▽2・27 東北新幹線の「八甲田トンネル」貫通。二六・四五五キロ、陸上では世界最長 ▽3・14 下北の川内町、大畑町、脇野沢村、むつ市と合併 ▽4・25 JR福知山線(京都府)脱線事故。死者一〇七名 ▽7・23 東京で震度5の地震 ▽8・16 宮城県で震度6強の地震 ▽9・11 衆院選。自民二六六、民主一一三、公明三一、共産九、社民七、国民新党四、無所属一八 ▽9・12 民主党岡田代表辞任。後任に前原誠司

平成17年(2005)
(43歳) ▽10・22 青森競輪で二七五万七、四五〇円の配当(過去最高) ▽10・31 弘前のダイエー閉店 ▽11月 横綱朝青龍、七連覇 ▽12・23 カーリングのチーム青森、トリノ冬季オリンピック代表に選ばれる ▽12・23 加藤浪岡町長に実刑判決(懲役二年八カ月) この年 ・農業産出額(順位) ①北海道 ②鹿児島 ③茨城 ④千葉 ⑤愛知 ⑥宮崎 ⑦熊本 ⑧新潟 ⑨青森 ⑩栃木 ・県内死因順位(県統計) ①悪性新生物 ②心疾患 ③脳血管 ④肺炎 ⑤自殺 ⑥不慮の事故 ⑦老衰 ⑧腎不全 ⑨肺疾患 ⑩糖尿病

平成18年（2006）

▽1・1　平川市誕生（平賀町、尾上町、碇ヶ関村の合併）
▽1・1　この日現在の県内人口、一四三万四九〇人（県推計、一年間に一万四、八二五人減）
▽1・22　「中三」五所川原店閉店
▽2月　国内人口、初の自然減。総務省、ピークは平成16年12月の一億二、七八三万人と発表
▽4・1　県庁、出先機関三局（県民局）を設ける。翌年、三局を追加
▽6・30　日本女子一万メートル競走で、福士加代子（板柳町出身）五連覇
▽8・17　県内猛暑。弘前三六・一度、黒石三五・九度。弘前の八月中の真夏日一八日間
▽9・26　安倍内閣発足
▽12・30　イラクの前大統領フセインの死刑執行
この年
・「振り込め詐欺」増加
・橋本龍太郎没（元首相、68歳）
・青島幸男没（元東京都知事、74歳）
・花田ミキ没（元県職員、91歳、本県保健婦の育ての親）

平均寿命の推移

	男	女
昭和22年	50歳	54歳
昭和40年	68歳	73歳
昭和60年	79歳	80歳

（厚労省）

平成19年（2007）

▽1・9　防衛省発足
▽1月　大相撲第三三代立行司木村庄之助（八戸出身）に、八戸市が市民栄誉章を贈る
▽1月　県内の二〇代後半女性の未婚率、五〇%を超える（17年の国勢調査）
▽3・1　この日現在の県内の推計人口、一四一万九、四九七人（人口減少率、秋田県に次いで全国二位）
▽4・1　「つがるにしきた農協」発足（西北の

平成

平成19年(2007)

六農協合併)

▽4・8　県議選。定数四八人のうち自民二七人

▽5・9　トヨタ自動車、三月期の決算発表。日本企業初の営業利益二兆円突破

▽6月　県立中央病院の三月末の診療費未収額二億一千万円(五年間に一億四千万円増加)

▽7・4　県内の教員採用試験、過去最高の一七倍

▽7・16　新潟県の中越沖地震、震度6強

▽7・29　参院選で自民党惨敗。民主一〇九、自民八三、公明二〇

▽7月　青森山田高校、四年連続の甲子園野球出場決まる

▽8月　日本相撲協会、横綱朝青龍を二場所出場停止に決定

▽9・12　福田内閣成立

▽9月　一八年産の県りんご販売額九一一億円(前年比一八%増)

▽10・1　郵政民営化スタート

平成19年(2007)

▽12・26　第二七回実業団女子駅伝、福士加代子(ワコール)五区で一三人抜く

この年

・小野正文没(弘前、94歳、元高校長、文学評論)

・植木等没(80歳、タレント)

・横山ノック没(75歳、タレント)

・宮沢喜一没(87歳、元首相)

・米価下落。東京玄米一俵本県産約一万一千円(六〇キロ)

・外国産の穀物高騰

・歌の流行「千の風になって」

平成20年(2008)

▽1・19　一九年産の本県のヒラメ、全国一位の二五万八、〇一九トン。ホタテは九万一、四六二トン(前年比四〇%増)

▽2・1　この日現在の県内の高齢化率(六五歳以上)二三・七%

▽2・20　県の二〇年度一般会計予算案、七〇七

平成20年（2008）

八億円と決定（前年比一・七％減）
▽3・14　社会保険庁、年金記録の特定困難なもの二、○二五万件と発表（国会で問題となる）
▽3・28　世界女子カーリング戦（カナダ）で、日本代表の青森チーム四位
▽5・12　中国四川省で、M8の大地震。死者数万人
▽6月　東京・秋葉原で無差別殺傷事件。七人死亡（犯人は青森市出身）
▽9・22　麻生内閣成立
▽9・29　ニューヨークの株取引相場、ダウ平均七七七ドル安に。史上最大の下落
▽10・27　日経平均株価終値、七、一六二円に下落（二六年ぶりの安値）
▽12月　みちのく銀行板柳支店のパート職員（外務）、五、六○○万円着服していたと同銀行発表
この年
・佐々木信介没（元弘大農学部長、85歳）

平成20年（2008）

・杉山粛没（元むつ市長）
・本県人口（12月1日現在）一、三九三、六七○人（前年同期比一三、八五○人減）
・県産りんご凍霜害・雹害過去最大
・NHK大河ドラマ「篤姫」ブーム

平成20年の県内漁獲量

	漁獲量 トン	金額 万円
ホタテ	87,441	1,002,530
スルメイカ	53,451	1,282,781
サバ	42,876	350,939
ハタハタ	1,363	?
マグロ	?	323,177

（県水産振興課調べ）

第59回NHK紅白歌合戦出場者

北島　三郎	45回
森　　進一	41
五木ひろし	38
細川たかし	32
和田アキ子	32
石川さゆり	31
小林　幸子	30
美川　憲一	25
布施　　明	24
川中　美幸	21
坂本　冬美	20
伍代　夏子	15

平成21年（2009）

▽1・20　米国大統領にオバマ氏就任（初の黒人大統領）
▽1月　麻生内閣の支持率一六・二％
▽2・3　民主党代表の小沢一郎が、西松建設からの違法献金が発覚し代表辞任
▽2・5　全国高校スキー大会の女子回転で、後村茜（東奥義塾一年）優勝
▽2・6　全国中学スキー大会距離競走で、清水目亮（野辺地中）優勝
▽2・15　青森市で開催のカーリング選手権大会で、「青森選抜」が常呂《ところ》高を破り四連覇
▽3・15　アメリカ航空宇宙局、若田光一等七人が乗り込むスペース・シャトルを打上げ
▽3・23　成田空港で米国貨物機、着陸に失敗し炎上。乗員二人死亡
▽3月　板柳町の岩木川、十川付近に前年産りんご大量に捨てられる（霜害、つる割れのもの）
▽4・19　青森市長選に前県議の鹿内博当選（現職の佐々木誠造を敗り）

平成21年（2009）

▽4・27　青森市の中心部に季節はずれの降雪（二センチ、気象台の記録上最終）
▽4月　北郡鶴田町、一六二人の農家が持ち込んだ前年産のりんご二万箱を町の経費で遊休地に埋める
▽4月　下北・脇野沢の「北限の猿」、上野動物園へ
▽7・5　中国西部のウイグル自治区でデモが大規模に拡大。死者一九二人、負傷者一、七二一人。7日、漢民族が数万人の対抗デモ（両民族の対立）
▽7月　東北町出身の中央競馬騎手・柴田善臣、一万五千回の騎乗記録。史上三人目、現役では武豊に次いで二人目。
▽8・30　衆院選。本県当選者＝一区横山北斗（民主）、二区江渡聡徳（自民）、三区大島理森（自民）、四区木村太郎（自民）。比例代表当選者＝中野渡詔子（民新）、田名部匡代（民前）、津島恭一（民元）、高橋千鶴子（共新）

平成

平成21年（2009）

▽9・10　大鰐町、「財政健全化団体」に（財政破綻寸前と）

▽9・16　民主党の鳩山由起夫代表が第四三代首相に（18日、鳩山内閣の支持率七二％。小泉、細川に続く第三位）

▽9・22　金木町の斜陽館、入館者一二〇万人に

▽10・6　モンゴル、世界最大級の埋没量といわれる銅、金山の開発でカナダの資源探査会と合意

▽10・7　五所川原市、鶴田町からの合併申入れを見送る

▽11・1　北京からのチャーター便、青森空港に到着

▽11・3　新幹線、八戸―新青森間のレール工事完了。東京―新青森間（六七五キロ）直結

▽11・12　五所川原の立佞武多、天皇即位二〇年を記念する祝賀パレード（皇居外苑）に参加。約一キロを行進

▽12・1　下北郡風間浦村、四月に村内三小学校を一校に統合すると決定

▽12・30　八戸漁港、この年の水揚量一三万九千トン、全国の漁港中、数量で三位、金額で七位

この年

・県内の有料老人ホーム六四カ所（三年間で三倍）

・本県の医師指数、全国四七都道府県中四五位（人口、面積比）

・本県の有効求人倍率、全国最下位（一年間の県内企業の解雇者五四五人）

・一月現在の県内の地価五％下落（国交省発表）

平成22年（2010）

▽1・11　青森山田高校、全国高校サッカー選手権で0対1で準優勝

▽1・12　青森グランドホテル経営破綻

▽2・4　横綱朝青龍、泥酔暴行問題で引退表明

▽3月　五戸町倉石の柏、幹まわり日本一と発表（幹まわり五・四メートル）

▽3月　県立中央病院、ヘリーポート完成

平成22年（2010）

▽6・4　鰺ヶ沢町の七里長浜港から中国へ初輸出（杉、赤松）

▽6・4　民主党の菅直人、首相に選出される

▽6・6　十和田市小幌内川沿いのドロヤナギ、「巨木日本一」に（幹まわり六・九七メートル）

▽6・27　大鰐町長選、二人の候補同点。抽選で決まる

▽7・11　参院選で民主党大敗、四四人に。自民五一、みんなの党一〇

▽8・1　鶴田町長選、中野掔司（80歳）当選（一〇回）。成田佐太郎車力村長とタイ

▽8・6　猛暑で県内のニワトリ八万羽死ぬ（主に県南のブロイラー）

▽8・15　五所川原の立佞武多館の入館者、開館以来一〇万人突破

▽9・7　沖縄・尖閣島周辺の日本領海で操業中の中国漁船が、日本の海保巡視船に衝突（海保、船長らを逮捕）

▽9・17　青森市の戸山、駒込、新城の山にニホンザル出没

▽9・18　横綱白鵬、連勝六二。八回目の全勝優勝

▽10・4　種差海岸（八戸）国立公園に

▽12・4　東北新幹線、青森まで開通

▽12・22　全日本レスリング女子四八キロ級で、八戸の坂本日登美（八工大出）優勝（六度目の日本一）

▽12・27　菅内閣の支持率二三・六％（共同通信）

▽12・31　大雪による倒木のため、県内停電、約二万戸

この年

・中国のGDP（国内総生産）、日本を抜き世界第二位に

平成23年

▽1・23　卓球の全日本選手権大会男子シングルスで、水谷隼（青森山田―明大）同種目で史上初の五連覇

▽2月　日本の人口一億二、八〇五万人（国勢

平成23年（2011）

調査速報）増加率過去最低
▽3・5　東北新幹線「はやぶさ」運行開始（東京—青森間、三時間一〇分）
▽3・8　田舎館村の「田んぼアート」、第一五回ふるさとイベント大賞の最高賞に選ばれる
▽3・11　東日本大震災（三陸沖、M9・0の巨大地震。岩手、宮城、福島県の被害大）
▽3月　トヨタ自動車の「プリウス」の前年の販売台数三二万五千台超となり、「カローラ」を二〇年ぶりに抜いて首位に
▽4・7　八戸付近大地震。八戸震度5強、五戸町5弱
▽5・2　陸奥湾産のホタテ、一キロ二四〇円の高値（前年の高水温被害による）
▽5・19　弘前市議会の議長選、一票差で決着
▽7月　ドイツで開催の女子サッカー・ワールドカップ戦で、「なでしこジャパン」、アメリカを破り世界一に
▽8・20　甲子園野球で八戸光星学院、日大三高

平成23年（2011）

に敗れ準優勝
▽9・1　この日現在の県内一〇〇歳以上の人、四〇二人
▽9・2　民主党の野田内閣成立
▽9・13　北朝鮮から木造船で脱出してきた九人を、石川県能登半島沖で保護
▽9・16　県内、異常高温。八戸市三二・六度、県内七地点で三〇度超
▽10・3　岩木山、八甲田山で初冠雪（岩木山は例年より一八日早く）
▽10・9　福士加代子（板柳町出身）、女子シカゴマラソンで三位（二時間二四分三八秒）
▽10・26　総務省、前年の国勢調査で、国内人口一億二、八〇五万人と発表（前回調査より〇・二％増）
▽11・23　五所川原農林高校、「お米甲子園」で金賞（群馬県で開催の「第二回全国農業高校・お米甲子園」で同校栽培の「つがるロマン」で）
▽11・27　明治神宮野球大会で、八戸の光星学

平成23年（2011）

院、愛工大名電高を6対5で破り逆転優勝
▽11月　福島県産の一部の米から基準値を一部超える放射性セシウム検出（政府、出荷停止を指示）
▽12・2　野辺地沖で無人の北朝鮮木造船を漁師が発見
▽12・9　「踊る民謡歌手」岸千恵子死去（碇ヶ関村出身、69歳、本名小西チエコ）
▽12・17　北朝鮮の金正日総書記死去（69歳）
▽12・20　県内水稲反収（一〇アール当たり収量）つがる市、六三八キロで一位に（前年は五位）。同市、県内市町村の米の収量で七年連続一位
▽12・23　第一六回都道府県対抗男子駅伝競走（広島）で、青森チーム二二位
▽12・25　東京・秋葉原での無差別殺傷事件の加藤被告（青森市出身、28歳）に死刑求刑
この年
・本県のシジミ貝水揚量全国一に。二位が島根県の宍道《しんじ》湖（水産庁発表）

平成24年（2012）

▽1・5　大間のマグロ（二六九キロ）、東京・築地市場で五、六四九万円で落札（史上最高）
▽2・1　大雪と強風のため、むつ市―野辺地町の国道で自動車四〇〇台立ち往生。交通規制は翌日まで
▽3・31　十和田鉄道（三沢―十和田）、八九年の歴史を閉じて終業
▽4・4　センバツ甲子園野球、八戸光星学院、大阪桐蔭高に3対7で敗れ、準優勝
▽5・22　世界一高い電波塔の東京スカイツリー（六三四メートル）開業
▽7・5　弘前市・鬼沢地区で竜巻発生。四三棟に被害
▽8・23　夏の甲子園野球で、八戸光星学院、大阪桐蔭に春に続いてまた敗れ準優勝（光星、三季連続の準優勝）
▽8月　ロンドン・オリンピックで、アーチェリー男子個人戦で古川高晴（青森東高出）銀メダル、バドミントン女子ダブルスで藤井瑞希・

平成24年（2012）

垣岩令佳組（青森山田高出）銀メダル、レスリング女子六三キロ級で伊調馨三連覇、四八キロ級で小原日登美（八工大出）初優勝。ロンドン・オリンピックでの日本のメダル数＝金7、銀14、銅17、計38

▽9・1　この日現在の県内の一〇〇歳以上の人四二五人

▽10・1　この日現在の県内人口一三四万九、九六八人

▽12・7　八戸市、階上町に地震。震度5弱、九市町村四五〇人避難

▽12・12　北朝鮮、長距離弾道ミサイル発射

▽12・16　衆院選。自民党四選挙区で独占。本県選挙区＝一区津島淳（自新）、二区江渡聡徳（自民）、三区大島理森（自民）、四区木村太郎（自民）。比例代表、高橋千鶴子（共産）

各党当選者数

党派	選挙後	選挙前
民主	57	230
自民	294	119
公明	31	21
維新	54	11
共産	8	9
みんな	18	8
社民	2	5

注　このときの自民党総裁は安倍晋三。3年3カ月ぶりに政権奪回

▽12・23　京都での高校駅伝、山田高校女子七位入賞、男子二三位

この年

・県内の水稲反収六一九キロで全国一

・水田の価格、二七年間連続下落

平成25年（2013）

▽1・5　大間町のマグロ（二二二キロ）、東京・築地市場で一億五、五四〇万円で落札（一キロ当たり七〇万円）。これまでの最高記録

▽1・19　優勝三二回の元横綱大鵬（72歳）死去。本名納屋幸喜、母親が十和田市出身といわれる

▽2・2　十勝沖地震で本県の東通村も震度5弱

▽2・21　八甲田山の酸ヶ湯温泉（標高八九〇メートル）の積雪五一二センチ（24日、弘前市一四八センチ、同市における二月中の記録更新）。大雪のため県内の鉄道一五七本運休

▽3・2　県立戸山高校、八戸南、弘前南大鰐分

平成25年（2013）

校、最後の卒業式

▽4・5　福島第一原発の貯水槽から推定一二〇トンの汚染水流出

▽4・8　円安。一ドル九九円台に

▽4・8　「鉄の女」と称されたイギリスのサッチャー元首相死去（87歳）

▽4・13　淡路島で震度6弱の地震

▽5月　昨年から今年にかけての豪雪によるりんご園の被害九四億円と県りんご対策協議会発表

▽7・21　参院選。自民党六五議席獲得で圧勝。民主党一七で惨敗、共産党八議席に躍進

▽8・10　モスクワでの世界女子マラソンで、福士加代子（板柳町出身、31歳）二時間二七分で三位

▽8・18　鹿児島の桜島噴火。噴煙の高さ五千メートル

▽8・21　メジャーリーグのイチロー外野手、ニューヨークでのブルージェイズ戦で、日米通算

平成25年（2013）

四千本安打

▽9・1　この日現在の県内一〇〇歳以上の人四六三人（一〇年間で三倍、二〇年前の一〇倍）

この年

・りんご生産販売額、九〇三億円

・本県の日本一＝りんごの生産量、ニンニクの生産量、ゴボウの生産量、ワカサギの生産量、子供の体格、弘前公園のソメイヨシノ（樹齢）、八甲田トンネル（世界最長）、シジミ貝の生産量、深浦町のイチョウの木（太さと高さ）

平成26年（2014）

▽4・16　韓国の旅客船珍島沖で沈没。二九五人死亡、九人行方不明

▽4月　消費税五％から八％に

▽7・1　安倍内閣、「集団的自衛権」の行使容認を閣議決定

▽7・17　ウクライナの東部でマレーシアの航空機撃墜される。二九八人全員死亡

平成26年（2014）

▽8・29　小林光弘（56歳）死刑執行（武富士弘前支店での強盗、殺人、放火）

▽8・30　大雨で不通になっていた五能線、深浦以南、二五日ぶりに運転再開

▽9・3　江《え》渡《と》聡徳《あきのり》（衆院議員、十和田市）安倍内閣の防衛兼安保担当大臣に

▽9・9　サッカーの日本代表選手の柴崎岳（野辺地町、山田高校―鹿島）、ベネズエラとの国際試合で初得点を挙げる

▽9・24　天皇皇后両陛下、二四年ぶりで本県へ（八戸、黒石、田舎館村の田んぼアートへ）

▽9・27　長野・岐阜県間の御嶽山噴火。登山客五七人死亡、六人行方不明

▽10月　前年産の本県りんご販売額九〇三億円と県が発表

▽11・5　三村知事、本県の水稲新品種に「青天の霹靂《へきれき》」と命名

▽11月　深浦町の白神山地にニホンシカ出没

▽11月　一〇月から一一月にかけて陸奥湾の蓬

平成26年（2014）

田沖でホタテ七〇〇キロ余密漁の青森市や宮城県の一一人逮捕

▽12・2　浪岡中学校一年生・奈良岡功大、全日本バドミントン選手権大会（東京・代々木）男子シングルスに史上最年少出場、実業団相手に予選で勝つ

▽12・14　衆院選。本県選挙区は自民独占。比例区で高橋千鶴子（共産）五選、升田世喜男（維新）初当選

▽12・26　鰺ヶ沢沖でカンボジアの貨物船沈没。乗組員一〇人のうち三人死亡

この年

・県内の交通事故死者五四人

・県民駅伝（9月7日、青森市）

　市の部　①八戸　②青森　③弘前

　町の部　①東北　②南部　③野辺地

　村の部　①六ケ所　②東通　③佐井

平成27年（2015）

▽1・5　東京・築地市場で大間産のマグロ、一尾（一八〇キロ）四五一万円で落札（一キロ当たり二万五千円）

▽2・17　岩手―八戸沖の地震で、階上町震度5強

▽2・18　パリにおける自転車トラック競走で、八戸市の上野みどり銀メダル

▽2・19　本県産の米「青天の霹靂《へきれき》」、日本穀物検定協会から「特A」に認定される

▽2・25　青森銀行頭取に、成田晋専務昇格

▽3・22　大相撲の行司、最高位の第三七代木村庄之助（畠山三郎、六戸町出身）定年引退

▽4・15　県議会の自民党議員が半分以下の県。山梨、三重、滋賀、奈良、鳥取、島根、大分

▽6・24　ソフトバンクのアローラ副社長の役員報酬、年・六五億五千万円（日経紙）

▽6・26　オリックスの元会長宮内義彦の退任慰労金四四億円

▽6・27　大企業の役員報酬（年）＝日産自動車のゴーン社長一〇億二千万円、武田薬品ウェーバー社長五億円、トヨタ自動車豊田社長三億五千万円（朝日）

平成27年（2015）

▽7・18　三月決算で役員報酬一億円以上の人、四〇八人（日経紙）

▽8・31　農水省東北農政局、平成二五年の県内農業産出額発表、総額二、八三五億円。うち畜産八一五億円、りんご七三三億円、野菜六二五億円、米五〇八億円

▽11・23　弘前市農協、ベトナムへりんご輸出（一三トン）

平成28年（2016）

▽4・18　県民の平均寿命。長野（最長）＝男八〇・八八歳、女八七・一八歳。青森（最短）＝男七七・二八歳、女八五・三四歳（毎日新聞）。がん死亡率の高い順＝青森、北海道、鳥取、秋田。たばこの喫煙率＝青森、和歌山、鳥取、北海道（最低は長野、「中央公論」）

▽6・2　県民所得（平成二五年）全国平均三六

六万円、一位・東京四五〇万円、青森・四〇位、二四二万円（読売新聞）
▽7・2　国会議員の年報酬二、一五〇万円（JR乗車賃など無料）
▽10・23　アメリカでは三％の人が国の富の五五％を所有（NHK）
▽12・3　次期アメリカ大統領トランプ、四カ国に七つのゴルフ場を所有（NHK）
▽12・26　所得格差の大きい国（資本主義国の中で）＝アメリカ、イギリス、スペイン、オーストラリア、日本、イタリア、カナダ。小さい国＝ノルウェー、デンマーク、フィンランド、スウェーデン、オランダ
▽12・28　平成二七年の県内農業産出額、三、〇六八億円（東北一位）。りんご八二三億円、米四二二億円
▽12・29　全国市町村の農業産出額上位の市町村①田原市（愛知）②都城市（宮崎）③鉾田市（千葉）④新潟市⑨弘前市（東北一位）

平成29年（2017）

▽1・5　全国の荒廃農地二八万ヘクタール。そのうち半分は再耕不可状態
▽1月　わが国の食糧輸入、年間五、四〇〇トン
▽2・9　フランスの農家の農業所得に占める補助金は八一・七％、日本三八・八％（日本農業新聞、東大教授鈴木宣弘）
▽2・9　米軍の外国駐留数。日本三万八千人、韓国二万四千人、ドイツ三万四千人、イギリス八三〇〇人、イタリア一万三千人
▽4・5　皇太子の生活費（国から二人分）、年三億二千万円。職員七〇人（料理人を含む）。秋篠宮家には二〇人、六千七百万円
▽5・17　平成二八年の県内りんご生産、四四万七千トン、一万九、九〇〇ヘクタール
▽7・16　安倍内閣支持率低下三五％（共同通信）、加計学園問題や共謀罪法公布などが影響
▽7・18　文化勲章受章者で医師の日野原重明死去（一〇五歳）
▽7月　東京外為相場、一ドル一一二円

平成29年（2017）

▽7月　大相撲名古屋場所、白鵬、日馬富士、鶴竜、稀勢の里の四横綱

▽7月　県内の物価

ガソリン一リットル（青森市内）一二六円
新聞一カ月分　三千円
鉄道料金　青森―弘前間　六七〇円
バス料金　青森―五所川原間　一千円
岩波新書一冊　七二〇円～八〇〇円
缶ビール（小）　二〇七円

資料編

昭和元年（大正一五年）の県内の馬

総数	五二、七三〇頭
東津軽郡	五、〇七六頭
西津軽郡	五、一四〇頭
中津軽郡	三、一四七頭
南津軽郡	四、七五七頭
北津軽郡	四、〇四七頭
上北郡	一五、一二八頭
下北郡	二、一六九頭
三戸郡	一三、〇六六頭
弘前	三三頭
青森	一六九頭

農林省買上げ　二五頭（一頭平均一、〇八八円）

陸軍省買上げ　三八二頭（一頭平均　三三〇円）

（両省の買上げ頭数の最多は三本木。この時玄米一俵一三円、反収が平年で六俵。上北郡などは五俵）

県内統計（平成二六年現在、青森統計年鑑より）

人口　一二八、八二八、六七人

人口一人当たり所得

青森市	二四一万円
弘前市	二二四万円
八戸市	二五三万円
黒石市	一九九万円
五所川原市	二〇七万円
十和田市	二一四万円
三沢市	二四七万円
むつ市	二二一万円
つがる市	一七五万円
平川市	二一六万円
六ヶ所村	一、二七〇万円
鶴田町	一六七万円
中泊町	一五一万円

農業産出額　二、八三五億円

りんご	七三三億円
米	五〇三億円
豚	二三八億円
ブロイラー	一八七億円
鶏卵	一六九億円
肉用牛	一二八億円
長芋	一二八億円
にんにく	九四億円
大根	九〇億円
生乳	六八億円
ごぼう	六三億円

（平成二五年）

「大東亜戦争」宣戦の詔勅

天佑《テンユウ》ヲ保有シ萬世一系ノ皇祚《コウソ》ヲ踐《フ》メル大日本帝國天皇ハ昭《アキラカ》ニ忠誠勇武ナル汝有衆《ナンジユウシユウ》ニ示ス

朕茲《チンココ》ニ米國及《オヨビ》英國ニ對シテ戰《タタカイ》ヲ宣ス朕ガ陸海將兵ハ全力ヲ奮《フルツ》テ交戰ニ從事シ朕ガ百僚《ヒャクリョウ》有司《ユウシ》ハ励精《レイセイ》職務ヲ奉公《ホウコウ》シ朕ガ衆庶《シュウショ》ハ各々《オノオノ》其ノ本分ヲ盡《ツク》シ億兆《オクチョウ》一心國家ノ總力ヲ擧《ア》ゲテ征戰《セイセン》ノ目的ヲ達成スルニ遺算ナカランコトヲ期セヨ

抑々《ソモソモ》東亞ノ安定ヲ確保シ以《モッ》テ世界ノ平和ニ寄與スルハ丕顯《ヒケン》ナル皇祖考丕承《ヒショウ》ナル皇考ノ作述《サクジュツ》セル遠猷《エンユウ》ニシテ朕ガ拳々《ケンケン》措《オ》カザル所而《トコロシコウ》シテ列國トノ交誼《コウギ》ヲ篤《アツ》クシ萬邦《バンポウ》共榮ノ樂《タノシミ》ヲ偕《トモ》ニスルハ之亦《コレマタ》帝國ガ常ニ國交ノ要義ト爲《ナ》ス所ナリ今ヤ不幸ニシテ米英兩國ト釁端《キンタン》ヲ開クニ至ル洵《マコト》ニ已《ヤ》ムヲ得ザルモノアリ豈《アニ》朕ガ志ナラムヤ中華《チュウカ》民國政府曩《サキ》ニ帝國ノ眞意ヲ解セス濫《ミダリ》ニ事《コト》ヲ構ヘテ東亞ノ平和ヲ攪亂《カクラン》シ遂《ツイ》ニ帝國ヲシテ干戈《カンカ》ヲ執《ト》ルニ至ラシメ茲ニ四年有餘ヲ經《ヘ》タリ幸ニ國民政府更新《コウシン》スルアリ帝國ハ之ト善隣ノ誼《ヨシミ》ヲ結ビ相提攜《アイテイケイ》スルニ至レルモ重慶《ジュウケイ》ニ殘存スル政權ハ米英ノ庇蔭《ヒイン》ヲ恃《タノ》ミテ兄弟尚未《ケイテイナオイマ》ダ牆《カキ》ニ相《アイ》鬩《セメ》グヲ悛《アラタ》メズ米英兩國ハ殘存政權ヲ支援シテ東亞ノ禍亂《カラン》ヲ助長シ平和ノ美名ニ匿《カク》レテ東洋制覇《セイハ》ノ非望ヲ逞《タクマシ》ウセントス剰《アマツサ》ヘ與國ヲ誘《イザナ》ヒ帝國ノ周邊ニ於《オイ》テ武備ヲ增强シテ我《ワレ》ニ挑戰《チョウセン》シ更《サラ》ニ帝國ノ平和的通商ニ有ラユル妨害《ボウガイ》ヲ與ヘ遂ニ經濟斷交ヲ敢《アエ》テシ帝國ノ生存ニ重大ナル脅威《キョウイ》ヲ加《クワ》フ朕ハ政府ヲシテ事態ヲ平和ノ裡《ウチ》ニ回復セシメムトシ隱忍《インニン》久シキニ彌《ワタ》リタルモ彼ハ毫《ゴウ》モ交讓《コウジョウ》ノ精神ナク徒《イタズラ》ニ時局ノ解決ヲ遷延《センエン》セシメテ此《コ》ノ間却《カンカエ》ツテ益々《マスマス》經濟上軍事上ノ脅威ヲ增大シ以テ我ヲ屈從セシメントス斯《カク》ノ如《ゴト》クニシテ推移センカ東亞安定ニ關スル帝國積年ノ努力ハ悉《コトゴト》ク水泡《スイホウ》ニ歸シ帝國ノ存立《ソンリツ》亦正《マタマサ》ニ危殆《キタイ》ニ瀕《ヒン》セリ事既《コトスデ》ニ此《ココ》ニ至ル帝國ハ今ヤ自存自衛ノ爲蹶然《タメケツゼン》起《タ》ツテ一切《イッサイ》ノ障礙《ショウガイ》ヲ破碎《ハサイ》スルノ外《ホカ》ナキナリ

皇祖皇宗ノ神靈上《カミ》ニ在《ア》リ朕ハ汝有衆ノ忠誠勇武ニ信倚《シンイ》シ祖宗ノ遺業ヲ恢弘《カイコウ》シ速《スミヤカ》ニ禍根ヲ芟除《センジョ》シテ東亞永遠ノ平和ヲ確立シ以テ帝國ノ光榮ヲ保全センコトヲ期ス

御名《ギョメイ》　御璽《ギョジ》

マッカーサーのスピーチ

ミズーリ号での降伏調印式に、喜び勇んで参加した者は、敗者の中には無論いなかった。が、その沈鬱なる雰囲気に包まれた日本全権団に、一条の光明を与えたのが、調印前に行われた、予定外のマッカーサーの次のスピーチだった。

《ここに我々主要参戦国が参集して、平和克服を目的とする厳粛なる協定を締結しようとする。相対立する思想理念の衝突は一切世界の戦場において決定せられた次第であって、今やなんら議論の余地はない。また我々は相互不信、悪意、または憎悪の念を抱いてここに集まったわけではない。

むしろ戦勝国と戦敗国とを問わず、人類のより高き威厳に到達せんことを祈念するものであって、これのみが我々の奉仕する神聖なる目的に適うのである。

我々はここに我等の国民が正式に受諾する諒解を留保なくかつ誠実に履行することを誓う。

この厳粛なる機会に、過去の流血と殺戮のうちから信頼と諒解の上に立つ世界が招来せられ、人類の威厳とその最も尊重する念願――すなわち、自由、寛容、正義に対する念願――の実現を志す世界が出現することを期待する。これが私の熱烈なる希望であって、かつまた、全人類の希望である。

ここに提示され受諾さるべき日本軍隊の降伏条項は、諸君の眼前にある降伏文書中に記載されている。

私は連合国最高司令官として、私の代表する諸国の伝統に従って、正義と寛容とをもって、私の責任を果たし、降伏条件が完全、迅速かつ誠実に遵守せられるよう、あらゆる必要な措置をとる決意であることを声明するものである》

マッカーサーはこのスピーチを終えると、

「こゝに、日本天皇陛下、政府及び大本営の代表に対し調印を求む」

と述べ、日本全権の調印が始まった。

（一九四五年九月二日、午前九時）

加瀬は、重光が上奏する報告書に、日本が勝っていたら、敗者をこれほど寛大に遇し得ただろうかと記した。天皇は嘆息してうなずいたという。


（引用は加瀬俊一『日本がはじめて敗れた日――ミズーリ号への道程――』、同『外務省記録（加瀬随員手記）』＝外務省編『終戦史録5』所収）

歴代県知事

氏名	出身県	就任時
野田豁通	熊本	明治四年
菱田重禧	岐阜	四
北代正臣	高知	六
池田種徳	広島	七
塩谷良翰	山形	七
北代正臣	高知	九
山田秀典	熊本	九
郷田兼徳	鹿児島	一五
福島九成	佐賀	一六
鍋島幹	佐賀	一九
佐和正	宮城	二二
牧朴真	長崎	二九
河野主一郎	鹿児島	三〇
宗像政	熊本	三二
山之内一次	鹿児島	三四
犬塚勝太郎	山形	三七
西沢正太郎	長野	三七
武田千代三郎	福岡	四一
田中武雄	東京	大正二年
小浜松次郎	鹿児島	三
川村竹治	秋田	六
沢田牛麿	高知	七
道岡秀彦	鹿児島	八
春藤嘉平	岡山	一〇
尾崎勇次郎	兵庫	一〇
馬場一衛	熊本	一二
緒方惟一郎	熊本	一三
松原権四郎	香川	一三
遠藤柳作	埼玉	一四
小柳牧衛	新潟	一五

氏名	出身県	就任時
森岡二郎	奈良	昭和二年
吉村哲三	鳥取	二
新庄祐二郎	京都	四
平井三男	熊本	四
守屋磨瑳夫	熊本	五
宮本貞三郎	宮城	六
多久安信	佐賀	七
小林光政	栃木	九
小河正儀	山口	一一
鈴木登	静岡	一四
上田誠一	石川	一五
山田俊介	兵庫	一七
宇都宮孝平	愛媛	一八
大島弘夫	石川	一九
金井元彦	兵庫	二〇
大野連治	千葉	二一
早坂冬男	宮城	二二

（以上官選知事）

氏名	出身地	就任時
津島文治	金木町	二二
山崎岩男	青森市	三一
竹内俊吉	木造町	三八
北村正哉	三沢市	五四
木村守男	藤崎町	平成七年
三村申吾	百石町	一五

注① 鹿児島、熊本、高知県出身者が多い。いわゆる明治政府を樹てた「薩長土肥」の色彩が府県知事の任命にまで影響した。

注② 大正時代になると知事の異動が早い。「政党政治」の時代（民政党と政友会）、内閣が変わるとすぐ知事の異動が行われるようになった（選挙対策）。

歴代知事選

・第一回（昭和二二年四月五日）
当選　一七七、八一八　津島文治
次　一五三、一二六　小笠原八十美

・第二回（昭和二五年一月一〇日）
当選　二六九、五七〇　津島文治
次　一〇四、二一一　米内山義一郎

・第三回（昭和二九年一月五日）
当選　一六一、四五五　津島文治
次　九四、八九一　山内亮

・第四回（昭和三一年七月二〇日）
当選　二五〇、四一一　山崎岩男
次　一八四、七六一　平野善治郎

・第五回（昭和三五年七月一日）
当選　二九五、一九八　山崎岩男
次　一八六、二六三　淡谷悠蔵

・第六回（昭和三八年二月二八日）
当選　三三七、五六五　竹内俊吉
次　一四一、〇一八　千葉民蔵

・第七回（昭和四二年二月二六日）
当選　三四〇、〇八二　竹内俊吉
次　一一二、二七九　千葉民蔵

・第八回（昭和四六年一月三一日）
当選　三七二、八六二　竹内俊吉
次　二二四、二九五　米内山義一郎

・第九回（昭和五〇年二月二日）
当選　三五四、五四〇　竹内俊吉
次　一一二、七四九　関晴正

あとがき

歴史を知る上で数多くの刊行物、史料があるけれども、それらを多く読むことは容易でない。特に仕事を持つ「現役」世代の人々の場合、特にそうであると思う。その点、年表は概略を知る上で手っとりばやい。

ところが本県のそれは竹内俊吉知事時代の昭和四十八年（一九七三）に「青森県近代史年表」（主筆・宮崎道生）が刊行された以後のものがない。

そこで、片目が失明になったけれども、いわゆる老骨に鞭打ち、県立・市立の両図書館や、県庁の行政資料室に潜ったり、「東奥年鑑」などで調べたりしながら、約一年間にわたって書きあげたのがこの拙稿である。私の「後世へ遺《のこ》す」小さな遺物として。

平成二十九年（二〇一七）八月一日

拙宅の南の八甲田山に睨《にら》まれながら――

九一郎（老）

著・編者略歴

秋田義信（あきた・よしのぶ）

大正15年(1926)7月、つがる市・旧車力村富萢に生まれる。青森県農協中央会各部長を経て、青森県農協学園長を2回、通算11年間つとめる。その後、一般社団法人・農協協会（東京）理事、一般社団法人・青森県りんご協会顧問。

青森県近代史略年表

平成二十九年十一月二日発行

編著者　秋田　義信
発行者　斎藤　孝幸
発行所　北の街社
青森市桜川一－三－一一〒〇三〇－〇九四五
電　話　〇一七－七六五－二六五八
印刷所　ワタナベサービス㈱